清華大生が見た最先端社会中国のリアル

这才是中国

——日本青年眼中的先进社会

〔日〕夏目英男 著

吕灵芝 译

中国民主法制出版社

全国百佳图书出版单位

前言　樱花绽放春意浓，　却思故乡牡丹香

　　浮现在我脑海里的童年回忆，是手握冰糖葫芦、穿梭在京城胡同巷子里的景象。夏天叼着大红果或绿舌头在南锣游荡；冬天前往后海，坐上冰车享受冬日之乐。19 年的北京生活，已然让一个来自东京的儿童成长为地道的北京青年。

　　2000 年的夏天，我随着工作地变迁的父母，离开出生后生活了5 年的东京，与家人一同前往新天地——北京。初到中国，一切都显得很陌生，就连树上的鸟儿、碧蓝的天空这些本来与东京没有多少区别的景象也显得格外生疏。伫立窗前向外眺望时，我看到的是络绎不绝的车流与令人惊叹的高楼大厦——这与自己在日本电视中所看到的中国也有天壤之别。

北京是元、明、清三朝古都，是洋溢着"胡同文化"、有礼有面的地方，不仅有着深厚的文化历史底蕴，也是一座传统与创新并存的魅力城市。住在皇城根下的北京人都热情有礼，让我这个初来乍到的外国人，也快速融入了这里的生活。

搬到北京一年后，中国加入了世界贸易组织（WTO），并且在同年北京成功申办了第29届夏季奥林匹克运动会。到北京的第二年，我就恰好经历了推动中国发展的两大事件。再加上改革开放的推进，整个国家不仅被喜气笼罩，还充满着发展的活力，国际地位也稳步提升。作为一个没有经历过日本泡沫经济时期的人来说，能够目睹中国的飞速发展，无疑是一次宝贵的经历。

然而在我回到日本后，却发现周围人对中国的评价截然不同。他们会问我在中国的生活，我为何坚持要在中国读书。媒体对中国的报道也呈现一边倒的趋势：大气和水质污染问题、食品安全问题、中国游客访日时的行为问题等，一些负面的话题覆盖了大多数有关中国的报道。

近年来，中日两国间的经济交流与合作日益深化，但中间依旧存在鸿沟，并产生了"政冷经热"的现象。中国和日本在文化和地理上非常相近，关系却显得格外疏远。

如今，在中国的街头上随处可见尖端的技术，居民出门已经无须携带钱包。以深圳和北京中关村为中心，每日都在涌现新的技术和创意，北京的天空也在一点一点变蓝。有的中国人去日本旅游之后就喜欢上了日本，也有人钟爱日本文化，可是反过来看，又有多少日本人能够正确理解中国，真正面对中国？

我虽然在中国生活了 19 年，但认为自己尚未完全理解中国，特别是在经济、历史和文化方面，我尚不具备讲述它们的知识和经验，还有许多东西需要去学习。尽管如此，我还是希望通过本书向日本的读者们传达当代青年眼中真实的中国。

本书第 1 章讲述已经成为中国社会主角的"80 后"与"90 后"，介绍他们所处的当代中国。日本媒体常提起中国政府和中国经济，但甚少将目光聚焦在青年身上，因此很多人没有什么机会了解中国的青年。本章将结合中国的社会情况，介绍这些中国青年，尤其是"80 后"与"90 后"的生活。

第 2 章讲述中国社会发生"数字革命"之后，人们的生活场景和经济活动中出现的重大变化。此外，本章还要以中国青年为中心，回顾在最前线引领"数字革命"的阿里巴巴与腾讯的历史，介绍这两个企业给中国社会基础体系带来的巨大变化。

第 3 章讲述"阿里系"与"腾讯系"的主要代理战争，结合 App 大国——中国的实例，介绍人们在一天的生活中会使用到什么样的 App。

第 4 章主要讲述支撑中国快速发展的教育情况，并以我曾经就读的清华大学为例，介绍"海龟"。说到中国教育，最让人印象深刻的应该是竞争激烈的高考，但是除了高考，本章还会从各种角度介绍中国国内大学的情况以及构成中国创新源泉的归国人士——"海龟"的现状。

第 5 章将会比较日本青年与中国青年的价值观及生活方式，从而深入介绍中国青年。通过介绍无法从媒体获知的中国青年价值观，我希望与各位读者共同探讨，在今后中日两国交流日益加深的过程中，双方将如何构筑两国关系，共创中日新时代。

1900 年，在日本生活过的中国思想家梁启超写下了《少年中国说》这篇散文。他在文中写道："少年智则国智，少年富则国富，少年强则国强，少年独立则国独立，少年自由则国自由，少年进步则国进步。"年轻人是国家未来的缩影，是社会未来的栋梁。我在中国生活时，与这里的学生共同学习、共同进步，从他们身上学到了很多。中国青年充满活力，时刻上进，带着改变社会的决心，不断奋斗。我从他们的身影中看到了推动中国发展的力量与活力。我们日本人，尤其是日本青年应从当今的中国社会汲取许多经验，并且我也认为有必要向日本传达中国社会的真实信息。本书聚焦今后将成为中国栋梁的青年，通过加深对他们的理解，以期为日本青年及日本商业人士提供重新审视当下的选择及改变观念的契机。

夏目英男

2020 年 1 月

目录

第 1 章　改变中国的青年

——"80 后"与"90 后"

何谓"80 后""90 后"?

在日本和美国,每一代人都有自己的名称。美国有 X、Y、Z 世代(分别指 1965~1980 年、1981~1994 年、1995~2010 年出生的人)和千禧世代(2000 年前后走进社会的一代人)。日本则按照时代背景,把人们划分为泡沫世代、宽松世代等。

中国同样存在称呼某一代人的名称,如"80 后"(20 世纪 80 年代出生的人)和"90 后"(20 世纪 90 年代出生的人),这种称呼比日本和美国更简单,单纯以十年为界进行划分。

　　与其他世代相比，"80 后"的青年经历了更多社会变化。1977 年，时任国务院（相当于日本内阁府）副总理邓小平宣布，恢复了因"文化大革命"而被迫中断了十年的"普通高等学校招生全国统一考试"（简称高考）。从这一年起，中国高等教育再次起步。1982 年，中国政府推行"计划生育"政策，因此**"80 后"一代基本上都是独生子女**。此外，"80 后"还受到了邓小平时代实施改革开放政策的重大影响，许多学生有过留学经历，浓厚地反映了那个时代的特征。

　　在这样的时代背景下，"80 后"集父母之爱于一身，成长于改革开放以后显著的经济发展之中，因此被贴上了"没吃过苦""霸道""任性"的标签，成了人们口中"最自私的一代"。可是近年来，"80 后"开始步入 30 岁到 40 岁的年龄段，逐渐成为时代主角。与此同时，人们对他们的印象也发生了改变。

　　如上文所述，人们一度认为"80 后"没吃过苦、任性霸道。事实上，他们作为高考恢复后第一批接受现代化高等教育的人，面对的社会竞争极为残酷，被迫接受了高学历低收入的现实。与此同时，他们还要面对房地产泡沫和独生子女政策导致的最大问题——老龄化，时刻背负着夫妻二人供养四人以上家庭成员的压力。尽管如此，他们也是父母经历"文化大革命"、自己亲身体验过 40 多年的改革开放历史和号称"中国奇迹"的经济发展历程的一代人，其精神气骨比任何一代都强韧，大多数人都愿意为社会作出贡献。目前活跃的中国创业者多是"80后"，包括日本人也熟知的大疆、字节跳动、滴滴等独角兽企业的创始人。

"90后"是上述"80后"所经历的波澜万丈的时代恢复平静之后出生的一代人，也是受改革开放惠泽最深的一代人。改革开放政策于1978年开始实施。作为经济改革的一环，1993年起，计划经济转型为社会主义市场经济体制。通过实行市场经济改革，中国得到进一步发展，人民的生活也渐渐富裕起来。相比"80后"一代，"90后"成长的时代较少发生政策所引起的社会和政治重大变化，相对更为稳定富足。随着信息化社会的到来，他们从小就习惯使用数码产品，数字化素养超过任何一代，接纳度也很高。尤其是在"90后"成长的时代，阿里巴巴和腾讯等中国企业先后成立，支付宝和微信等App陆续诞生，中国的数字化瞬间席卷全球。他们正是接受这些服务，同时最理解这种创新的第一代人。然而，"90后"普遍受到独生子女政策的影响，基本都是独生子女，而且他们生活的时代相比"80后"小时候更为富足。其结果就是，他们与"80后"一样被打上了"垮掉的一代""被宠坏的一代"的标签。出身富裕家庭的人，因为其父母在时代的变迁中创造了财富，成为富裕的第一代，人们往往会带着嘲讽的意味称这些人为"**富二代**"。如上文所述，在中国国内，"90 后"所在的时代没有发生社会和政治上的重大变化，相对稳定，紧接着信息化社会到来，以及新的价值观出现，其结果就是越来越多人批判"90 后"的价值观和思考方式令人难以理解。

尽管如此，"90 后"还是与"80 后"一样，其受到的普遍评价正在一点点发生改变。随着改革开放和市场经济改革，"90 后"作为在全球化等浪潮中出生长大的一代，在被人们视作"异类"的同时，也拥有更开放的观念，不被历史和传统束缚，能够根据自己的思考采取行动。此外，后文还会介绍到，"90 后"一代有留学经验者众多，他们到海外求学，不仅吸收了知识，还带回了那个国家的传统与文化。回国后，他们充分利用在国外得到的知识和经验，通过进入企业、政府机关，或是创业的方式贡献社会。这些从海外留学归国，支撑当代中国发展的人被称为"**海龟**"。就与日本的关系而论，众多"90 后"都在日本动画的陪伴下度过童年，许多人即使在成年后也深爱着日本的文化和亚文化，还有不少人选择到日本留学。当他们今后站在社会发展的最前线时，中国社会和中日两国关系都有可能发生重大变化。

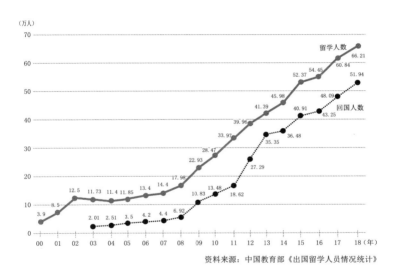

资料来源：中国教育部《出国留学人员情况统计》

图1-1　中国人出国留学情况

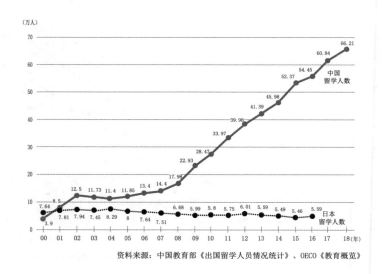

（万人）

资料来源：中国教育部《出国留学人员情况统计》、OECO《教育概览》

图1-2　日本人与中国人的出国留学情况

　　"80后"与"90后"被时代的浪潮裹挟，成长在新旧交替的复杂时期，固然受到了许多批判和否定。然而，他们无疑是肩负起中国新时代的青年，必定会成为引领中国发展的主角。他们与日本人想象中的中国人全然不同，具有高昂的斗志和坚韧的精神气骨。理解他们，将成为理解未来中国不可或缺的一环。

中国经济的奇迹：改革开放的成果与北京奥运会

中国 40 多年的发展历程中发生过两件大事：一件是改革开放，另一件就是举办北京奥运会。

中国一跃成为经济大国的起点，是 1978 年实施的改革开放政策。1978 年以前，中国主要实行计划经济政策。所谓"计划经济"，是由政府管理生产和分配，生产方式尽归公有。第二次世界大战结束后，中国政府虽然通过计划经济让国家经济有所恢复，但中国人民的贫困状况依旧亟待改变。1958 年到 1960 年的"大跃进"政策，以及 1966 年到 1976 年的"文化大革命"，都让中国经济持续疲敝。

邓小平的政治人生曾经历"三落三起"，后当选中国共产党中央委员会副主席、国务院副总理、中国共产党中央军事委员会副主席。他为了重振中国经济，在 1978 年 12 月召开的中国共产党第十一届中央委员会第三次全体会议（十一届三中全会）上提出了改革开放的想法。所谓"改革开放"，是指中国国内的体制改革与对外经济开放政策相结合，即由此前的计划经济，转而走向社会主义市场经济，并提倡思想解放。十一届三中全会并没有详细讨论改革开放政策，但是邓小平督促当时的党员干部积极学习经济、科学技术和经营管理知识，为后期推进改革开放政策作了铺垫。

为了给改革开放做前期准备，邓小平在安徽省凤阳县小岗村停用了以往"人民公社"主导的集体生产，试行"农业生产责任制"，赋予人民农业生产的自主权。与此同时，他还在工业地区的国有工厂引进"工厂长责任制"，同样通过给予自主权促进工业的高效化。

1979 年，经济特区创办，改革开放政策拉开序幕。党中央和国务院在广东省及福建省的沿海地区划定了四个经济特区，允许外资企业进入，并实施优待政策。如此一来，中国在对内实行改革、显著提高生产效率的基础上，实施了市场机制和工农业制度的改革；对外则设立经济特区，吸引外资企业和高新技术，以提高自身的科技能力，从而改善经济状况，推动国力发展。

改革开放一方面为中国的经济成长作出了极大贡献，另一方面也拉大了沿海经济特区和内陆省市的经济差距。1992 年邓小平的"南方谈话"（1992 年 1 月到 2 月，邓小平先后视察武昌、深圳、珠海、上海等地，发表重要谈话）起到了重要作用，推动改革开放进入新的阶段。中国引入市场经济体制，确立了**"社会主义市场经济"**这一经济模式，积极实行对外开放。2001 年加入世界贸易组织后，中国市场大幅开放，实现了经济快速发展，如今已发展成为世界排名第二的经济大国。其后，以"中国制造"（Made in China）世界工厂的诞生为契机，深圳发展成为当今"亚洲硅谷""中国创新"诞生地等，这些都可以被认为是改革开放的成果。

2018 年，改革开放迎来 40 周年，现任中国国家主席习近平表示："中国改革开放永不停步！"正因为改革开放，才有了现在的中国。2018 年，为了重温改革开放路线，一些大学开展了**"社会实践"**（由大学策划的一种研修旅行）活动，对上述的小岗村和主导改革开放的深圳市、上海市，以及国家级贫困县——河南省兰考县进行考察。我也参加了兰考县的考察。该县是中国国内最贫困县区之一，在习近平主席推动的"精准扶贫"（针对不同贫困区域和不同家庭，使用科学方法，精确管理帮扶）政策下，其现状已经得到显著改善。当然，除了政府座谈会，我还有机会单独与村民谈话，这些村民一致肯定了"改革开放的惠泽"。

日本迈向近代化的一个重要转折点，就是明治维新时期岩仓使团远赴海外，环绕世界一周，探寻日本近代化发展的方向。同样，中国迈向现代化的转折点，在于改革开放前的 1978 年，政府派人前往中国香港地区、日本、东欧、西欧进行考察。他们目睹了世界情势，积极学习经验，为中国的现代化献计献策。现在，中国留学生之所以遍布世界，其中固然有本国高考竞争激烈的因素，但我认为，更重要的因素在于**改革开放带来的留学生派遣政策及相关思想**。

2008 年，正值改革开放 30 周年之际，北京举办了第 29 届夏季奥林匹克运动会。这是一个让当时 13 亿人欢欣雀跃的体育盛典，也是中国向全世界展示改革开放成果的绝佳机会。通过这次盛典，世界认识了中国。2008 年虽然是自然灾害与社会事件频发的一年，但中国人民没有因此屈服，而是成功举办了北京奥运会，彻底颠覆欧美各国对中国的既往印象，让他们亲眼见证了 1997 年提出的"中华民族伟大复兴"的重要成果。

对于北京奥运会，舆论众说纷纭，但是随着奥运会的举办，改革开放政策的确得到了进一步推进。正如 1992 年的"南方谈话"，北京奥运会也起到了推进器的作用，除了对外展示中国的成果，还让世界了解中国的现状，从而深化市场开放，进一步推动经济成长。

我当时居住的地区也被纳入奥运会的再开发区域，原本陈旧的建筑物被拆除，新的高楼大厦建起。北京的城市面貌焕然一新，成为名副其实的国际化大都市。我没有经历过日本经济快速发展时期，但在北京亲身经历了中国经济的发展，这份体验无比珍贵。

对中国人民来说，北京奥运会无疑是中华民族伟大复兴的第一步，也是获得自信和实现飞跃的重要一步。众多参加了北京奥运会的运动员都是今后带领中国前进的中国青年，在"同一个世界，同一个梦想"的口号下，走上体育竞技的舞台挥洒汗水，为祖国的荣誉奋斗。通过电视画面目睹那一幕的中国青年，也都在为自己的祖国努力奋斗，力图作出更大贡献。

我就读的清华大学除了**"自强不息，厚德载物"**的校训，还在学校体育馆门前打出了**"为祖国健康工作五十年"**的口号。清华大学的学生每天都在这个口号的激励下不断努力，毕业后为自己的国家积极作贡献。

改革开放成了中国经济发展的支柱，北京奥运会则是进一步推进改革开放、向世界展示中华民族伟大复兴的契机。在这一历史背景下成长起来的中国青年今后将成为中国社会的栋梁。他们在接受爱国主义教育的同时，亲眼见证了中国的飞跃，也将为祖国不断奋斗。现在，中国还面临很多环境问题和社会问题，但这是一片能够让中国青年尽情奋斗的土壤，而中国青年也将成为支撑未来中国发展的重要基石。**在中国，我能看到现代日本青年缺乏的志向和身为祖国人民的骄傲。**

深爱日本文化的中国青年

上文提到，我年幼时，双亲因为工作关系移居中国，因此我在中国接受了小学、初中、高中、大学和研究生阶段的教育。尽管如此，我和家人还是会在每年暑假和寒假期间回到日本，与居住在日本的亲朋好友共度一段时间。每次回国，我身边的家人朋友必然会问一个问题："现在的中国人怎么看待日本？"正如本书开篇所述，中国是个似近而远的国家。日本人熟知中国的历史和文化，但很少人实际到过中国，亲眼看到中国的现状。每当家人和朋友提出这种问题，我都会回答："**现在的中国人，尤其是年轻人中，有许多人对日本怀有好感，而且喜欢日本文化。**"从我第一次踏足中国的 2000 年开始，深爱日本文化的中国青年的确越来越多了。

日本动漫与亚文化的影响

如今，动漫已成为日本软实力的代表。第二次世界大战后，日本漫画急速发展；20 世纪 60 年代，手冢治虫制作的日本第一部商业动画连续剧《铁臂阿童木》开始放映；其后，众多名作相继诞生。现在，"日本制造"（Made In Japan）的漫画（MANGA）与动画（ANIME）已经享誉全世界。2006 年，时任外务大臣麻生太郎提出"流行文化外交"，建议用动漫等流行文化作为主要的外交手段。此外，2010 年 6 月，日本政府为了展示被外国人视作"酷"（Cool）的日本魅力，在经济产业省设置了"酷日本（Cool Japan）海外战略室"，通过软实力在国外打造日本热潮。事实上，继日式料理风靡世界之后，日本亚文化也在世界各地形成风潮，中国当然也不例外。

1980 年，中国最大的国家电视台——中央电视台第一次播放外国动画片《铁臂阿童木》，主张和平的可爱机器人瞬间成了中国人客厅里的人气之星。当时的中国国产动画片与日本动画片相比，画质较为粗糙，内容也不够精练，因此《铁臂阿童木》受到了极大欢迎。其后，从 20 世纪 80 年代到 90 年代，众多日本动画片乘着 1978 年的

表1-1　　日本电影在中国的票房收入排名（截至2018年）

排名	电影名称（在中国上映的年份）	票房收入（元）
1	你的名字（2016）	5.76亿
2	哆啦A梦：伴我同行（2015）	5.30亿
3	龙猫（2018）	1.73亿
4	航海王之黄金城（2016）	1.05亿
5	哆啦A梦：新·大雄的日本诞生（2016）	1.03亿
6	火影忍者剧场版：博人传（2016）	1.03亿
7	名侦探柯南：业火的向日葵（2015）	8161万
8	寄生兽（2016）	4831万
9	圣斗士星矢：圣域传说（2016）	3785万
10	垫底辣妹（2016）	3757万

资料来源：中国票房网

改革开放热潮，开始出现在中国家庭的电视机上。当时中国各地电视台播放了很多在日本也大受欢迎的动画片作品，例如，《聪明的一休》《哆啦 A 梦》《圣斗士星矢》《灌篮高手》等。尤其是《聪明的一休》和《灌篮高手》，在中国引起了巨大反响。当时我刚刚搬到中国，有许多中国朋友能够高声歌唱《聪明的一休》主题曲。在进入大学并加入篮球社团后，我又结交了许多热衷《灌篮高手》著名场景的朋友。顺带一提，2014 年，中国还重制了《聪明的一休》，可见其人气之高。

　　看这些动画片作品长大的一代，正是"80 后"与"90 后"。以20 世纪 80 年代引进的《铁臂阿童木》为首，这些人观看了无数日本动画片作品，对日本持有较好的印象，甚至有人憧憬动画片中的日本社会和日本生活。进入 21 世纪，中国引进的日本动画片作品倍增，《火影忍者》《名侦探柯南》《网球王子》《航海王》（《海贼王》）等作品风靡一时，还有许多年轻人通过这些动画片来学习日语。2016年，《你的名字》在中国创下了 5.76 亿元（约合 87 亿日元，根据2019 年 9 月汇率）的票房收入纪录，成为中国票房收入最高的日本电影。在与众多国产电影和好莱坞电影同台竞争的情况下，它成为唯一进入前 25 名的日本电影，引发了"日本电影热潮"。在《你的名字》的影响下，众多中国年轻人来到日本，巡访作为电影场景原型的著名地点。

2018 年，吉卜力工作室制作的《龙猫》在日本迎来公映 30 周年纪念，同时第一次在中国上映，仅仅 3 天就创下了 8980 万元（约合 13 亿日元，根据 2019 年 9 月汇率）的票房纪录，最终票房收入达到 1.73 亿元（约合 26 亿日元，根据 2019 年 9 月汇率）。2019 年，同为吉卜力工作室制作的《千与千寻》时隔 18 年在中国上映。这部作品在经过漫长的时间间隔后，依旧创造了 4.88 亿元（约合 73 亿日元，根据 2019 年 9 月汇率）的票房收入，在中国继续引领日本动画的风潮。

由此可见，从 1980 年到 2019 年的 39 年间，日本电影，尤其是日本动画片在中国赢得了极高人气，从最先接触日本动画的"70 后"，直到"80 后"与"90 后"都深受其影响，与日本亚文化共同成长。文化的渗透成功促进了形象改变，这一代的多数青年都对日本抱有较好的印象，也更加努力了解日本。因为动漫而造访日本的人越来越多，除了上文提到的《你的名字》场景原型地，在《灌篮高手》场景原型地——江之电镰仓高中前车站也能看到许多中国游客。他们来到日本不仅为了游玩，还试图通过造访日本，深入了解日本文化、道

德与社会环境，学习待客之心，并将其带回本国。日本媒体往往倾向于曝光中国游客的"素质不高"和"爆买"现象，但那只是非常片面的看法，并非所有中国人都如此。当然，很多中国农村地区的人和中国老一辈人受历史影响，持有反日情绪；但是我认为，当代中国依旧有许多年轻人因为喜欢日本亚文化而喜欢上了日本这个国家。鉴于这个事实，我认为，刻意丑化中国人形象、拉开两国人民距离是错误的行为。

仅次于英语的第二外语——日语

众多中国青年通过日本亚文化喜欢上了日本，其中也有许多人以此为契机开始学习日语。让人惊讶的是，日语已经成为继英语之后，在中国学习者第二多的外语。截至 2019 年 9 月，多达 512 所大学机构（包含大学、学院、独立学院等）开设了日语课程，我就读的清华大学和北京大学等中国顶尖大学同样设置了单独的日语专业。虽然授予日语语言文学硕士及博士学位的研究生院和研究院数量大幅减少，但具有相关硕士学位授予资格的大学机构（硕士点、可授予硕士学位的大学机构）多达 84 个，可授予博士学位的大学机构（博士点、可授予博士学位的大学机构）则有 18 个。除此之外，中国还有众多职业学校和语言学校，将其纳入统计，总数已超过 2000 个。

一般认为，中国最初的日语教育始于明朝（1368～1644 年）。公元前 3 世纪，中国开始实施朝贡制度。为了与海外各国派遣的使者进行交流，就需要通晓外语的翻译，但是，这些翻译一开始都由派出使节的国家准备。随着时代的推进，明朝统一中国，积极与海外各国展开交流，使得朝贡制度走向顶峰。这一时期，明朝开始不依赖海外各

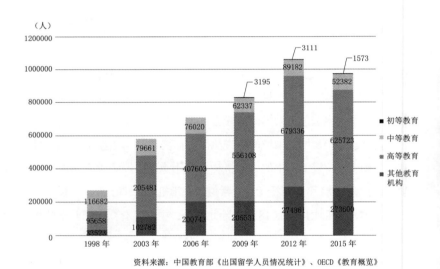

（人）

资料来源：中国教育部《出国留学人员情况统计》、OECD《教育概览》

图1-3　中国的日语学习者人数

国推荐的翻译，而是培养自己的翻译，因此日语教育正式开始。然而到了 1937 年，日本发起全面侵华战争，中国的日语教育就此中断，从此进入停滞时期。1972 年中日两国邦交正常化之后，中国的日语教育再次兴起。这一时期，众多大学机构开展了日语教育。1980 年，时任日本首相大平正芳提倡的"中国日语教师培训班"（俗称"大平班"）开设，创造了第一次日语教育热潮。上文还提到，1980 年也是《铁臂阿童木》在中国开播的年份，这进一步推动了日语学习的热潮。

还有一个并不广为人知的事实是，在后文将介绍的中国高考中，日语也和英语、俄语、法语、德语、西班牙语并列，成为正式考试科目（外语）。从国际交流基金与日本国际教育支援协会共同主办的日语能力测试（JLPT，The Japanese-Language Proficiency Test）的报名人数也能看出，中国的报名人数每年都呈现压倒性多数，在中国内地及港澳特区等 44 个城市的考场中，共有 172759 人报名考试（2019 年第一次考试）。这一数字是第二位韩国或第三位越南的三倍之多，可谓遥遥领先。

随着学习日语的中国人数量增多，中国与日本的交流也进一步加深，我认为这种民间关系将为今后的两国关系带来正面影响。

表 1-2 日语能力测试海外报名人数 *

单位：人

		2015 年 （第二次）	2016 年 （第一次）	2016 年 （第二次）	2017 年 （第一次）
报名人数排名前三的国家和地区	海外报名人数	296530	268135	331449	314140
	第 一 位	中国内地及港澳特区 （106799）	中国内地及港澳特区 （117135）	中国内地及港澳特区 （114583）	中国内地及港澳特区 （134996）
	第 二 位	中国台湾地区 （40143）	中国台湾地区 （39055）	韩国 （41120）	韩国 （43473）
	第 三 位	韩国 （37086）	韩国 （37827）	中国台湾地区 （41113）	中国台湾地区 （41585）
		2017 年 （第二次）	2018 年 （第一次）	2018 年 （第二次）	2019 年 （第一次）
	海外报名人数	379501	3613365	410559	423604
	第 一 位	中国内地及港澳特区 （131261）	中国内地及港澳特区 （149676）	中国内地及港澳特区 （141274）	中国内地及港澳特区 （172759）
	第 二 位	韩国 （48546）	韩国 （49942）	韩国 （54611）	韩国 （55447）
	第 三 位	越南 （46494）	中国台湾地区 （42345）	中国台湾地区 （41753）	越南 （42756）

资料来源：日语能力测试日本官网

* 本表部分数据与官网数据不符，已对照官网数据订正。——译者注

与日本一样，宽松世代的竞争最残酷

目前，顶级 IT 企业（以阿里巴巴为例）的录用率约为 1/1000，呈现出炙热的竞争状态。尤为突出的是热门岗位，录用率更是远远小于 1/1000。而且，这些岗位的学历最低要求都是"985 工程"或"211 工程"（后文将会介绍到的中国国家教育项目）的大学及国外名校（每家企业定义不一），因此非这些大学的毕业生有可能在筛选简历的阶段就被淘汰。再看国家公务员考试。2019 年中国国家公务员考试的录取比例约为 1/63，而同年日本国家公务员考试（国家综合岗位法律类）的录取率是前者的 17 倍。

从这些数据可以看出，中国正在面临史上最严峻的就业困难。

就业困难的主要原因如下：

①**国内外经济形势变动。**受到中美贸易摩擦和国内经济增长减缓的影响，2019 年中国国内生产总值（GDP）增速降低至 6.0%，为 29 年来最低水平。就业岗位不但没有增加，反倒趋于减少，造成了供需不平衡。

②**大学和高职毕业人数创历史新高。**中国大学和高职毕业人数每

年创下新高，2018 年达到 735.8 万人，成为史上毕业人数最多的一年。① 相比之下，日本大学毕业人数为 56.5 万人，其规模之差一目了然。预计今后数年，该数值还会持续上升。

③**留学归国（俗称"海龟"）人数增加**。前往国外留学的中国学生人数逐年增加，同样，留学归国之人，也就是"海龟"人数也在急速增加，使国内就业压力更甚。相比中国国内大学的毕业生，企业普遍更看重外国大学毕业生，因此"海龟"人数增加加剧了中国国内的就业困难。

④**就业率低下**。2018 年中国本科生就业率为 91.0%，相比 2014 年的 92.1% 下降了 1.1 个百分点，而且继续攻读硕士学位的学生显著增加。这是因为岗位需求与学生条件不匹配，工作岗位过度集中在有限的几个领域。

除上述原因外，中国在学历方面还存在与日本截然不同的就业情况。在日本，文科生一般在本科毕业后就业，理科生一般在本科或硕士毕业后就业。若是文科生攻读硕士学位，就会被贴上"逃避就业"的标签，因此企业较为重视本科应届毕业，看重工作年限。若是一直

---

① 此后每年毕业人数不断增加，2020 年达到 874 万人，2021 年预计将突破 900 万人。

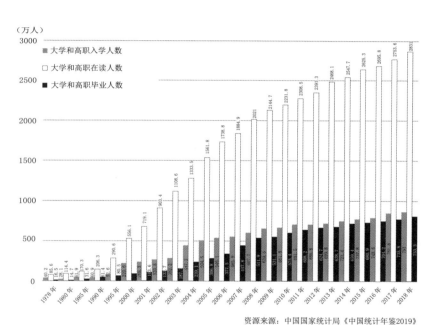

资源来源：中国国家统计局《中国统计年鉴2019》

图1-4　中国入学、在读、毕业人数变化

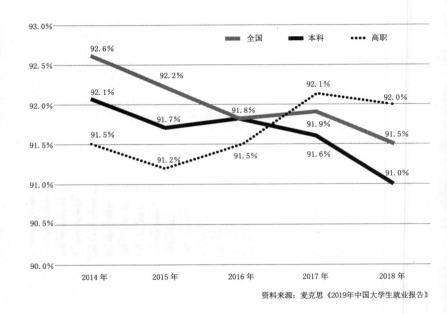

资料来源：麦克思《2019年中国大学生就业报告》

图1-5　就业率变化

攻读到博士学位，就会被视为研究人员，很难找到普通岗位的工作。

然而，中国存在明显的学历金字塔，社会普遍认定学历与专业性越高越好。即使是文科，也有许多学生攻读硕士学位，"本科—硕士—就业"的形式多于"本科—就业"形式。其结果就是研究生院极其热门，攻读硕士的学生人数暴增，甚至出现了**硕士研究生比博士研究生更难考**的现象。

更让许多人意外的是，在"就业冰河期"，多数学生更愿意选择稳定的国家公务员而非民企岗位，而在国家公务员这一领域也存在学历金字塔，多数考生为硕士或博士学历。当然，在中国寻求就业岗位时，用人单位不仅重视学历，还重视在校期间的社会经验，比较青睐参加过实习、创业或是"社会工作"等的学生。与日本不同，中国用人单位要求现成的工作能力，更愿意招聘入职后能够立刻为单位创造价值的人才。从这一背景出发，中国学生在读时不仅要重视学业，还要积极投身实习和学生活动，以便在"就业冰河期"获得一定的竞争力。

即使跨过了史上最严峻的就业困难这道门槛，中国青年在入职后还要面临低薪的现状。根据调查，2018 年大学毕业生平均月收入为 4624 元（约合 74000 日元），虽然比 2017 年的大学毕业生平均月收入增加了 307 元（约合 5000 日元），但情况依旧严峻。在"北上广深"（北京、上海、广州、深圳）的中国一线城市，哪怕用大部分月薪支付房租，也很难租到整套房，众多青年不得不过着合租生活。他们都是高学历的大学毕业生，但是找不到高薪的工作，不得不与众多室友合租，生活在狭小的房间里以节省房租。人们通常将这类人称为"蚁族"。他们既聪明又上进，但却过着群居生活，故有此名。

当然，在这些大城市工作的年轻人平均月收入相比其他城市更高，尽管如此，他们所处的情况同样严峻。大部分应届毕业生过着节俭的生活，或是等待薪资上涨，或是请求父母的帮助。最近还诞生了副业这一选项。但是从事副业极为困难。站在企业的角度上看，廉价劳动力能够削减成本、维持竞争力。而站在劳动者的角度上看，虽然目前薪资较低，但是将来有望升迁，薪酬大幅上升，因此他们愿意拼命工作，等待愿望实现的那天。

中国经济进入"新常态"，从高速增长期转入中高速增长期，中国青年所处的环境也不断发生着剧烈变化。在改革开放的推动下，社会整体有了长足发展，然而随着经济增长，物价不断高涨，低薪情况却迟迟没有改善。我所看到的中国青年，即使处在如此环境中，依旧坚持努力，克服困难。我有一个清华大学的朋友，目前正在美国攻读博士学位。我曾问他今后的打算，他明知道中国国内的就业和生活状况，但依旧希望回国。因为中国是他的祖国，就算就业困难、生活不易、薪水不高，他也坚信只要在祖国工作，总有一天能获得成功，而且希望为培养了自己的祖国贡献一份力量。

中国青年即便身处时代的惊涛骇浪中，也依旧保持着高尚的品质，勇敢拼搏。他们身上有太多值得学习的地方。

"创业"这一新选择

　　中国青年的主要组成部分是正在面临史上最严峻就业情况的"90后",但是除了就业和升学,大学生中间渐渐出现了"创业"这一新选择。中国经济进入"新常态",经济增长率从高速增长期的约 10%降低为约 7%的中高速增长,为了解决每年 800 万左右的大学毕业生就业问题,中国政府提供了创业的新选择,从战略层面支持创新。这一支持策略就是"大众创业、万众创新"。

　　2014 年 9 月的夏季达沃斯论坛上,李克强总理发表了关于"大众创业、万众创新"的讲话。2015 年,中国政府就推出了支持创业的"大众创业、万众创新"政策。此举是为了以创业和创新为引擎,推动产业结构升级,结合"互联网+"的传统产业、信息通信技术和在线平台,构筑创业和创新的生态体系。另外,大学等机构加强了促进产学结合的技术成果转换,成立孵化机构、国家级别的"国家产业创新中心""众创空间""公共服务平台"等创业和创新相关平台,支持创业行动。

　　政府在制度方面也制定了许多优惠政策,主要是针对创业、高新企业、相关组织（大学或孵化机构）的财政支持和税费优惠，以及放宽创业投资等投资基金的设立条件和人才特别招聘条件（尤其是针对外国人的审查放宽和特殊待遇）。

在"大众创业、万众创新"的政策支持下，中国创业领域急速成长，特别是在北京、上海等大学和研究机构集中的地区，以及深圳等引领"改革开放"，对创新格外包容的地区，创业数量和投资金额都有了大幅增加。

以清华大学所在的北京市海淀区为例，这里是清华大学、北京大学、中国科学院等众多高等教育机构及研究机构的所在地，创业和创新活动也十分频繁。这里开设了"中关村科技园""中关村创业大街"等专门针对创业和创新群体的区域，形成了辅助创业的生态体系。在上述创业特区有一种特殊制度：只要在这一地区从事创业或创新相关活动，就能得到临时资金支持和办公空间，还能匹配投资方，在人才方面获得特殊待遇。

从 2013 年开始，清华大学内部也成立了支持创新和创业的"清华 x-lab"平台，由 16 个院系和研究生院联合支持学生创业。我就读本科学院时，还选择了"清华 x-lab"与清华大学经济管理学院针对创业和创新开设的"工商管理学"（经营学）双学位，并有机会聆听

PayPal 创始人彼特·蒂尔（Peter Thiel）和脸书（Facebook）高管的创业讲座，参加清华大学与英国牛津大学合作的社会创业项目，获得了许多与创业有关的宝贵知识。

我就读研究生院时，还得到了"清华 x-lab"的教育项目支持，包括创业家导师针对项目的指导、天使投资人与创业学生的匹配、技术咨询、法律咨询、公司成立方面的答疑解惑等。

"清华 x-lab"是清华大学内最早成立的孵化机构，其规模也是校内最大。除了"清华 x-lab"，校内还有"创+""iCenter"等机构，以及从清华大学衍生的"清华控股"（Tsinghua Holdings）旗下负责运营清华科技园的企业"启迪控股"（TusHoldings）开设的"启迪之星"（TusStar）孵化机构。当然，除了这些孵化机构，还有许多校内学生团体，比如，"清华大学学生创业协会""清华创客空间"，以及共青团清华大学委员会的"创业指导中心"、清华毕业生提供支持的"水木清华校友种子基金"等相关组织。

在创业教育和创业实践方面，除了我攻读的经营学双学位和创业家特别讲座，清华大学还提供了各种机会：共青团和教务办联合发起的创业人才培养项目"启创计划"；联合国开发计划署（UNDP）与校内学生团体共同举办被称为"学生界的诺贝尔奖"的社会课题商

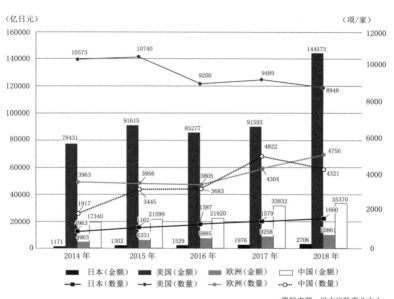

图1-6　2018年度创业投资等投资动向速报

业竞赛"霍特奖"（Hult Prize）；江苏省昆山市投资，清华大学学生创业协会主办校内商业竞赛"昆山杯"；等等。

因为清华大学偏重理工科，在创新方面十分积极，所以才有了以上诸多创业机会。现在，上述孵化机构不仅针对校内，还在中国地方城市及国外也开展了活动。

这是北京、上海及深圳等主要城市的例子，当然其他城市也制定了相关的创业支持政策。地方城市以"大众创业、万众创新"的政策为基础，陆续设置了"高新技术产业开发区"，积极吸引外地企业和外资企业进驻，尝试打造具有地方特色的产业。

自 2014 年起，在"大众创业、万众创新"政策的推动下，中国出现创业热潮，越来越多的创业支持机构成立，像清华大学那种多样化的制度也先后制定下来。其结果就是，中国国内创业数量和投资金额有了显著增加，学生的创业热情高涨，学生创业数量亦显著增加。

可是，近年来立志创业的学生数量开始减少。与此相对，希望考取国家公务员的学生数量增加，许多学生在攻读完硕士学位后，选择考取公务员，追求稳定的生活。创业热潮虽然有所减退，但是进入 2020 年，在"互联网红利"逐步消失的同时，新的创业模式也正在孕育，期待着出现第二次创业热潮。尽管"互联网红利"消失，创业热潮减退，巨大的中国市场却依旧深藏着许多机会和潜力。只要创业这个生态体系依旧存在，创业这个字眼就不会从中国消失，也将一直是学生手中的重要选项。

何谓新生代"00 后"？

　　进入 2020 年，"90 后"纷纷迈进 30 岁大关，新出现的"00 后"开始走上历史舞台。"00 后"是降生在 21 世纪的一代，如果说"80 后"是经历了改革开放，第一批接受现代化高等教育，亲身体验了中国数字化发展的一代，"90 后"是数字技术素养极高，在电视和互联网的陪伴下成长在信息化社会的一代，那么**"00 后"就是从降生那一刻起便身处高速发展的数字社会，与数字社会共同成长的一代。**在其他国家，即使年龄相差 5 岁，也不会感到明显的代沟，但在社会变化剧烈的中国，短短几年社会就呈现出截然不同的样态，使得代沟极其普遍。

　　"00 后"也是在中国正式在世界舞台上活跃，逐步巩固国际地位的时代降生的第一代人。从 2000 年到 2019 年，中国加入世界贸易组织（2001 年），举办北京奥运会（2008 年），举办上海世博会（2010 年），提出"一带一路"构想（2013 年），获得 2022 年冬季奥运会主办权（2015 年），国际影响力越来越大，正在稳步向着"中国梦"（2012 年中国国家主席习近平提出）迈进。2020 年也是全面实现中国共产党第十六次全国代表大会提出的"小康社会"的一年。在中国脚踏实地的发展过程中,年届二十的"00后"生活在中国最丰饶富足的时代,他们对国家有充分的信任,并且为祖国感到骄傲。事实上,针对从"60后"到"00后"开展的是否对中国人身份感到骄傲的调查中,"00后"作出肯定回答的人数超过了其他所有年龄层。

作为21世纪的新人类,"00后"即使身在信息纷繁复杂的社会环境中,也依旧保持着自我,游刃有余地适应数字社会的发展。其原因在于,他们能够从经历了时代剧变的一代人身上直接学习经验,同时身为数字原住民,掌握了收集大量信息的能力和批判性思考能力,能够正确甄别信息,因此被称为**中国国内最"理性"的一代**。

如上文所述,"00后"从降生那一刻起就见证了高速发展的数字社会,是与数字社会共同成长的一代。最重要的是,他们也伴随着中国科技与互联网发展史共同成长,亲眼见证并亲身体验了中国互联网动画元年(2006年)、电子商务元年(2007年)、智能手机元年(2008年)、大数据元年(2013年)、AI元年(2017年)、5G元年(2019年)等中国引以为豪的科技和创新阶段。"00后"深入理解尖端的技术,经历了中国引人注目的经济增长,在未来为社会带来的影响将会无可估量。

　　2018 年，第一批"00 后"跨进大学校门，到 2022 年，**第一批 "00 后"大学毕业生将要走上社会**。"00 后"将从"80 后""90 后"手中接过时代的接力棒，这一代人作为数字原住民，将会以自身的数字技能逐渐改变社会，成为今后肩负经济发展使命的栋梁。北京师范大学艺术与传媒学院教授张同道曾以"00 后"为题材，对"00 后"一代进行了为期 12 年的跟踪拍摄，最终执导了纪录电影《零零后》。他认为，"00 后"最大的特点就是"开放、自信、国际化"。

　　在中国一跃成为经济大国的当下，"00 后"心怀对祖国的骄傲，能够适应任何环境，为祖国的发展作出贡献。新生代的中国青年将会构建出怎样的中国？他们今后的发展，以及将在他们手中不断变化的中国社会，都让人期待不已。

第 2 章　"数字革命" 带来的中国社会变化

阿里巴巴与腾讯带来的变化

阿里巴巴集团和腾讯控股是中国的两大企业集团。就算对中国不感兴趣的人，多少也会在报纸等媒体上看见过这两个名称。阿里巴巴的创始人名叫马云，腾讯的创始人名叫马化腾，巧合的是，两人同姓马，又出生在同一个时代。更巧的是，他们同在互联网时代都最先感应到了网络给社会带来的变化，并乘着那个浪潮开展了事业。

英语教师马云

1964 年，马云出生在以中国八大古都之一和世界遗产西湖闻名的浙江省杭州市。他创建的"阿里巴巴"不仅引领着中国的创新，还带动着世界的创新和发展。可能有许多人认为，他年少时应该有过辉煌灿烂的经历，但事实上，他经历过高考、就业、创业的无数次失败。

马云小时候是个惹是生非的问题儿童，而且成绩不好，第一次"初升高"考试失败，第二次才勉强考上了一所普通高中。然后，由于数学成绩太差，他又连续两次高考失利，直到第三次才考上大学。第一次高考的数学成绩甚至只有一分。受尽挫折的马云曾经跟表哥一同去应聘宾馆服务员，还被经理以外貌不佳、体型过瘦为由拒绝了。

受此挫折之后，马云更是意气消沉，第二次高考再度落榜。尽管受到父母劝阻，他还是参加了第三次高考，数学考到 89 分，还差 5 分才达到本科分数线。好在他英语成绩特别优秀，最后被杭州师范学院破格录取。据说，马云从小就喜欢拿着收音机听英语节目，步行到家附近的杭州饭店去找外国宾客练习英语对话，正因如此，英语成绩才会十分突出。

进入大学后，他一改以往的态度，不仅认真学习，还积极参加学校的活动。马云不再是从前那个到处惹麻烦的淘气包，而是摇身一变，成了年级的学习尖子，还被选为学生会主席和杭州市学生联合会主席。

1988 年，马云从杭州师范学院毕业，进入杭州电子工业学院（现杭州电子科技大学）就职。在当时的中国，政府会根据专业和所在省份给大学毕业生分配工作。马云的专业是英语，所以他被安排到杭州电子工业学院负责教授英语和国际贸易等课程。马老师风趣幽默，又凭着在大学养成的性格和能力，被评选为"杭州市优秀青年教师"。除了在大学执教，他还在当地开办英语角，瞬间吸引了众多人参加，成了当地的知名教师。

许多人听到他的名气，开始找他做笔译和口译的工作，继而惊叹于他极高的工作质量，又把他的名气传播出去，马云由此成了杭州市翻译界的知名人物。此时，马老师抓住商机，决定"第一次创业"，遂成立"海博翻译社"，正式开展笔译和口译业务。这次创业乍一看和阿里巴巴及互联网商业毫无关联，但是后来证实，这次创业为马云今后的发展奠定了重要的基础。

在海博翻译社接触互联网

海博翻译社成立初期主要承接笔译和口译业务，但是为了生存，后来又发展到销售花卉和医药品。成立 3 年后，在海博翻译社的运营逐渐走上正轨，并在第一次创造收益的同时，马云迎来了改变人生的契机。

海博翻译社的业务顺利发展，加上马云在杭州当地很有名气，有一天，他突然接到了杭州市政府委托的工作。业务内容是前往美国洛杉矶督促同意高速公路建设投资项目的企业支付合同金。

为了抓住这个突然出现的机会，他当机立断，赶赴美国。然而他刚一落地就发现，与他商谈的美国企业是一家诈骗公司。那场商谈完全没了意义，马云无所适从，干脆转赴西雅图，去见他在杭州电子工业学院时结交的朋友。在网络尚未普及的时代，那位朋友就坚信互联网将成为改变世界的技术，屡次以"互联网信徒"般的热情与马云谈论此事。

马云到达西雅图后，立刻拜访了当时罕见的互联网提供商 VBN。他头一次见到电脑还有点犯怵，但是 VBN 工作人员让他尝试操作，并讲解了如何打开浏览器，如何输入文字。接着，马云亲手输入了"Beer"这四个字母。网页上跳出了美国和德国产的啤酒，唯独找不到中国啤酒。哪怕输入"China"，也检索不到跟中国有关的信息，可见当时中国的互联网还是一片未经开发的荒漠。

马云在西雅图见识到了互联网的无限可能性，确信互联网开发是能够改变社会的技术。经过在美国创建海博翻译社主页等尝试，马云进一步加深了对互联网的理解，并在回国后开始思考新的互联网服务。那就是他第二次创业时建立的"**中国黄页**"。

从 "中国黄页" 到阿里巴巴

"中国黄页" 收集了中国企业的信息，通过互联网分享到全世界，是一个功能类似电话簿的网站。回国后，马云立刻辞去杭州电子工业学院的工作，邀请 24 个朋友聚集到家中，分享了利用最新技术 "互联网" 开展的商业计划。但是他的努力没有见效。24 人中有 23 人对这种商业毫无兴趣，只有一个人认为马云的商业构想值得尝试。最终，马云及其妻子张瑛，连同赞成其商业构想的何一兵，三人一道创办了 "中国黄页"。

马云从小经历过许多次失败，即使在遭到 23 人反对时，他也坚持了自己的座右铭 "**永不放弃**"，将自己的想法贯彻下去，直至 "中国黄页" 创办完成。而这个座右铭后来又成了马云建立阿里巴巴的巨大契机。

半年后，杭州市电信局旗下的国营通信公司杭州电信也创办了 "中国黄页"，导致市场竞争激化。马云同意与杭州电信合并，并在一年后接受中国对外经济贸易部（现中国商务部）的邀请，参与创建中国国际电子商务中心。借此机会，马云卖掉了 "中国黄页" 全部股份。那年是 1997 年，马云 33 岁，第二次创业失败。

马云在中国国际电子商务中心开设了对外经济贸易部的官方网站，以及几个在线交易中国产品的电子商务网站。在创办网站的过程中，马云又一次发现了互联网及电子商务的强大潜力。因为这些政府网站成立时机过早，服务对象也主要是政府机构和国有企业，所以这项事业难已取得什么发展。但是对他来说，这次经验成了后来创办阿里巴巴的重要因素。

1999 年，马云决定辞职回乡。在返回家乡杭州的途中，马云决心第三次创业。正是这次创业成了他人生的转折点，创业成果就是后来引领了中国乃至世界经济的世界最大在线交易服务商——阿里巴巴。

回到杭州后，马云又像成立"中国黄页"时一样，与妻子张瑛在家中招待了 16 个朋友，共同商谈成立阿里巴巴。当时，美国正处在互联网泡沫高峰，还属于新面孔的互联网商务企业群体一跃成为时代的宠儿。亚马逊（Amazon）和易贝（eBay）等有可能改变世界的企业先后在美国诞生，而马云则在小小的家中客厅里，与其他人共同构想了与之竞争的中国本土 IT 企业。

"阿里巴巴的竞争对象不是国内企业，而要放眼美国硅谷的企业，将自己定位为全球性服务提供商" "我们一定能与美国的企业竞争"
"2002 年让阿里巴巴上市"——这就是阿里巴巴的起点。在这场本来
只是动员大会的会议上，马云提出了宏大的构想，让其他 17 名共同
创始人深深着迷。尽管经历过无数次失败，但他始终坚持"永不放
弃"的座右铭，凭着顽强的斗志创建了阿里巴巴。他不仅给中国的年
轻人，还给整个中国带来了希望，展示了创业的可能性，为后来成为
创业大国的中国的发展作出了极大贡献。关于这次动员大会的录像记
录，可以在视频网站观看。

　　经过这次会议，连同马云在内的 18 名共同创始人（人称"阿里
巴巴十八罗汉"）创建了阿里巴巴。从那一刻起，"十八罗汉"不分
昼夜地在马云的家中工作了 7 个月，专心打造这项服务。他们没有让
任何媒体和竞争对手知道这项计划，而是保持低调，耐心等待公开的
时机。

　　阿里巴巴成立 8 个月后，加拿大华侨蔡崇信出任了公司首席财务
官（CFO）。他此前在美国接受教育并以律师身份活动，曾担任投资
公司 Invest or AB 亚洲地区副代表，专门负责私募投资业务。蔡崇信
加入后，阿里巴巴以惊人的速度分别从美国高盛集团和孙正义领导的
软银集团获得 500 万美金和 2000 万美金的投资，还一改以前低调的

态度，开始准备在中国香港特区上市。

几年前，"互联网"这一词语在中国还未普及；而此时，中国也出现了几家新的IT企业。在阿里巴巴准备上市时，马云提道："如果把互联网看作3000米赛跑，美国人完成了100米，亚洲完成了30米，那么中国只跑了5米，所以还有很长的路要跑。如果我们有一个很好的公司在亚洲，一个很好的互联网公司在亚洲，全世界都会知道。明天你们就会知道我们了。"

正如他所说，阿里巴巴瞬间提高了自身在全世界的知名度，国外媒体纷纷前来采访，中国国内也兴起了互联网浪潮。可是在这些关注背后，阿里巴巴的服务仍未能赢利，外部人士也极不看好。

2001年，互联网浪潮开始消退，阿里巴巴得到的投资也开始见底，可以说被逼到了悬崖边缘。但是在同一年，阿里巴巴启用了检索结果付费排名的方法，首次实现赢利，逐渐缓解了资金困难问题。

最大的壁垒：易贝

2001 年，随着互联网泡沫破裂，一直致力获取用户的阿里巴巴陷入短暂的资金困难，一度面临危机。但是阿里巴巴采用检索结果付费排名的方式后，资金困难得到缓解，成功渡过了危机。然而，初次赢利并不能让阿里巴巴高兴太久。一直以来，马云都很警惕中国国内的竞争对手"易趣"，后来，美国企业易贝向易趣投资，表现出进入中国市场的想法。为了与之竞争，阿里巴巴于 2003 年开设了**现在中国最大的 C2C（消费者对消费者）购物网站"淘宝网"**。但是网站开设不到一个月，易贝就收购易趣，正式展开了进入中国市场的工作。

易贝进入中国后，凭借庞大的资金及其在美国等国家的成功经验，试图开拓中国市场。对此，阿里巴巴将重点放在淘宝的本土化，提供更适合国内用户的服务，以此与易贝的美国模式相抗衡。此外，易贝向开店者征收手续费，淘宝则免除三年手续费，渐渐吸引了易贝的店铺移驻淘宝。2004 年，为了与易贝旗下的支付服务"PayPal"竞争，阿里巴巴又开发了第三方结算服务（二维码、条形码支付）"支付宝"（Alipay），解决了用户结算时可能面临的账户安全和诈骗问题。与此同时，阿里巴巴还进一步开展本土化的线下活动，最终促使淘宝的市场份额超过易贝，巩固了其中国顶级电子商务企业的地位。

易贝在与阿里巴巴的竞争中落败以后，股价连连下滑，收购易趣后一度占据的将近九成市场份额到 2006 年只剩下不足一成，最终宣布撤出。2007 年，阿里巴巴决定在中国香港特区上市。在 1999 年创建阿里巴巴的动员大会上，马云扬言要在 2002 年上市，尽管晚了几年，但他依旧在短短 8 年内实现了上市目标。

天文学爱好者马化腾

1971 年，马化腾出生在当时还属广东省管辖的海南岛东方县（现海南省东方市）。他的父亲马陈术是当地有名的退休官员，曾任中国交通部八所港务局副局长。

20 世纪 80 年代，由于改革开放政策的实施，马化腾的出生地及家乡广东省汕头市被划为经济特区，实现了经济的显著发展。汕头市是个华侨众多的城市，也走出过许多优秀学者和被称为"潮商"（汕头、潮州、揭阳、汕尾四市，即潮汕地区出身的商人）的优秀商人。

马化腾继承了这些优秀基因，13 岁便跟随工作调动的父亲，来到了主导改革开放政策、与其家乡同为经济特区的广东省深圳市。当时，深圳市发展的速度号称"三天一层楼"，被称为"深圳速度"，连年仅 13 岁的马化腾也震惊于这个城市的发展。当时政府大力宣传"时间就是金钱，效率就是生命"，市内各地纷纷挂起这条标语，马化腾也在后来的一次访谈中提到，现在虽然很难想象，但当时这条标语的确激励了全中国人民，也支撑了中国的经济发展。

少年时期的马化腾对天文学很感兴趣。他请求父母购买了一台天文望远镜作为自己的 14 岁生日礼物，而那台望远镜的价格相当于父亲四个月的工资。尽管如此，因为马化腾家还算比较富裕，所以父母同意给他购买望远镜，满足了他的好奇心。他在学习天文学知识的过程中培养了对科学的探索心，使他在后来的事业中经常能够有所发现和创新。

1989 年，18 岁的马化腾参加高考，取得了 739 分的好成绩，超过重点大学录取分数线将近 100 分，完全可以上北京的重点大学。可是，他选择了离家很近的深圳大学。在专业方面，马化腾虽然爱好天文学，但当时全国只有南京大学开设了天文学专业，于是他选择了另一个感兴趣的专业——计算机。

进入大学后，马化腾优先提高自己的计算机专业水平，充分发挥了自己的才能。据说，他上大学时为了在电脑房多待一会儿，偷偷让大学的电脑感染病毒，然后被老师委托杀毒，从而确保了自己在电脑房能待更长时间。后来这件事被曝光，老师并没有斥责马化腾，而是十分佩服他的毅力。

创建了腾讯的马化腾与创建了阿里巴巴的马云度过了完全相反的大学生活。在马云忙于学生会活动和创业时，马化腾每天都埋头钻研编程技术。

后来，深圳以及上文提到的其他经济特区发生了一件事，让整天埋头钻研编程的马化腾有了创业的想法。那就是 1992 年，马化腾 21 岁，还在上大学三年级时，邓小平同志的"南方谈话"。

1992 年 1 月 18 日到 2 月 21 日，邓小平在一个月的时间里先后视察了武昌、深圳、珠海、上海等地，并亲自向当地的共产党员干部讲解了改革开放的重要性。他试图用这一系列"南方谈话"发出信息，亲手推动经济发展。其结果就是，改革开放政策继续推进。处在改革开放政策最前线的经济特区深圳市受到邓小平来访的激励，经济上更有活力，许多年轻人立志创业。

现在，深圳市被称为"亚洲硅谷"，其快速发展的背后正是这个时代背景。马化腾大学毕业后虽然没有马上创业，但可以说，他正是受到了这个千载难逢的时代的深刻影响，最后才决心创业，并打造了腾讯这个世界知名的大企业。

两次避开危机，构筑腾讯体系

从深圳大学毕业后，马化腾进入了中国当时的顶级传呼机国企——润迅通信，以软件工程师的身份开发传呼机专用软件。在其后的六年间，马化腾从普通工程师一路晋升到了软件开发部主任。可是，他心里始终惦记着一个东西，那就是互联网。随着改革开放政策的深入，深圳的发展势头越来越强，IT 企业不断出现，而对这一行业十分看好的马化腾也在从事软件工程师工作的同时，购买了好几台电脑放在家中，并且担任了惠多网（FidoNet）论坛深圳地区的管理员。

1996 年，马化腾遇到了一个转机。由三个以色列人研发的通信软件 ICQ（I Seek You，意为"寻找你"）风靡世界，广州市电信局旗下的国营通信公司广州电信也公开了类似 ICQ 的软件开发项目竞投。马化腾看准这个机会，决定参加竞投。

当时，ICQ 不仅在以色列和欧美地区流行，还占据了很大部分中国市场，而且市场上同时存在几种类似的国产软件。尽管如此，马化腾还是决心投入研发，并借此机会创业。他在当软件工程师时，通过炒股赚到了 100 万元，凭借这笔资金，与初中、高中、大学时代的四个朋友（后合称腾讯五虎）一道，成立了深圳市腾讯计算机系统有限公司。

1998 年 11 月 11 日，腾讯公司正式成立，但是它的初期业务并非中文版 ICQ，而主要是传呼机相关业务和软件设计。为了让企业存续下去，他们并没有把全部精力放在中文版 ICQ 上，而是先开展了能够赢利的业务，确保了资金源再进行开发。

在这个经营策略的支持下，公司创办三个月后的 1999 年 2 月 10 日，马化腾主导的腾讯赶在中国春节前发布了中文版 ICQ，即 OICQ（Open I Seek You）。然而春节假期用户甚少，增加曲线也趋于平缓，使马化腾等经营主干捏了一把冷汗。

一个月后，他在出差期间查看了 OICQ 的在线用户数，发现竟然已经超过 500 人。又过了几个月，到了 11 月，在线用户已经达到 100 万人，翌年 4 月 500 万人，6 月则超过了 1000 万人，用户数量显著增加。

随着用户数量的增加，OICQ（在 2000 年改为现在的名称 "QQ"）变成了腾讯的主力产品。但是，由于用户增加速度太快，服务器无法承受，公司不得不承担巨大的维护费用，导致赤字不断。公司流动资金眼看就要见底，马化腾拿着商业计划书亲自筹集资金，但是都以失败告终。其间，QQ 的用户数量依旧在增长，成了渐渐压垮公司的重负。马化腾面对艰难的选择，决定转让自己亲手开发的 QQ，开始与几家大型 IT 企业商谈。他找过网易（NetEase）和联想（Lenovo）等知名企业，但对方都表示没有兴趣。接着，他又找到了广东省电信局旗下的广东电信，一路谈到了收购方案，但是金额没谈拢，终告失败。

融资融不到，QQ 卖不掉，马化腾已经无路可走。但是，因为一次机会，他奇迹般地渡过了这次危机。当时，在改革开放政策的推动下，邓小平指定的以深圳为首的经济特区都实现了显著的经济发展。其中，邓小平尤为关心的部分就是科学技术促进经济发展。

从 20 世纪 50 年代到 60 年代，全国人民代表大会提出了"四个现代化"，也就是**工业现代化、农业现代化、国防现代化、科学技术现代化**的国家战略目标。这是毛泽东、周恩来、邓小平等当时的中国共产党高层领导人全力推行的国家政策。

在 1978 年 3 月 18 日召开的全国科学大会上，邓小平指出，"四个现代化"的关键在于科学技术的现代化，并留下了"科学技术是第一生产力"这句话。深圳市等经济特区积极响应号召，大力推进科学技术领域的开发和创业，并展开了这类产业的政府支持和匹配活动。

此时对马化腾和深陷危机的腾讯伸出援手的，就是参加了中国国际高新技术成果交易会（China Hi-Tech Fair，以下简称高交会）的 IDG 技术创业投资基金，以及中国香港特区最大的企业集团——长江实业集团创始人李嘉诚的次子李泽楷。

1999 年，高交会第一次在深圳举办，吸引了众多创业和风险投资基金及投资者的注意。马化腾在高交会举办时已经经历了融资失败和 QQ 转让失败，因此对这次匹配活动寄予的希望比其他任何人都大。他手持经过六次修改、足有 20 页的方案来到了高交会。当时腾讯虽有 550 万美元的估值，但许多投资者还是以估价与投资风险不对应为由，不愿意投资。就在此时，IDG 的合作伙伴林栋梁询问腾讯的估值为何有 550 万美元，马化腾立刻以 ICQ 的用户数量为例，回答说自己通过比较数据得出了这个估值。林栋梁听了他的回答，一开始还有些犹豫，但最终决定投资。同样，李泽楷率领的 PCCW（现电讯盈科）也同意投资，于是腾讯在高交会上成功获得两家公司合计 220 万美元的投资，相应地，IDG 和 PCCW 两个公司各获得腾讯 20% 的股份。

就这样，腾讯在不卖掉 QQ 的情况下，奇迹般地渡过了危机。但是第二年，危机再次袭来。

从 2000 年到 2001 年，互联网泡沫破裂，众多 IT 企业不得不缩小规模。而腾讯通过在 QQ 内插入广告及添加 QQ 会员功能，成功实现了赢利。尽管如此，紧随其后的 ICQ 商标权诉讼、为了满足用户数量激增而购买新服务器、互联网泡沫破裂导致的经营困难等事件接连发生，IDG、PCCW 提供的资金很快就见了底，腾讯再度面临崩溃危机。

即使在这种情况下，幸运女神也没有放弃马化腾，又一次对他露出了微笑。远在南非的传媒公司南非报业集团（Naspers，以下简称纳斯帕斯）决定向腾讯投资，总额高达 3200 万美元，并获得了 IDG、PCCW 及马化腾自身持有的股份，合计 46.5%。2019 年 11 月，腾讯的市场价值总额约为 4100 亿美元。纳斯帕斯可以骄傲地宣称，这是企业发展过程中最成功的一次投资。

腾讯先后两次成功渡过危机，于 2004 年在中国香港特区上市，实现了从创建到上市仅隔六年的壮举。该企业在如今席卷中国市场的社交软件——微信和 QQ 上获得了巨大成功。

阿里巴巴和腾讯都得益于改革开放政策，在互联网时代创业，都引领了中国创新。两家企业都经历了数不清的竞争和危机，如今在全世界的市场价值总额排名中也一直保持在前十位。阿里巴巴原本以电子商务为主战场，而腾讯则主攻社交网络。但是现在这两个企业的身影已经渗透人们生活和事业的方方面面。

阿里巴巴与腾讯打造的商业体系

上一节介绍到，阿里巴巴以基于淘宝网的电子商务为主战场，腾讯则主攻 QQ 和微信等社交网络服务。然而，随着时光流逝，两家企业不再拘泥于主战场，开始拓展关联服务。

阿里巴巴在 2003 年开设 C2C 购物网站淘宝网并获得成功后，又于 2008 年 4 月开设了 B2C（企业对消费者）购物网站"淘宝商城"。一直以来，淘宝网主要提供 C2C 服务，而由于货源来自个人，网站上出现了大量伪劣商品，造成极大问题。与之相对，淘宝商城要求进驻者提供营业许可证、销售许可证等资料，通过提高开店标准解决了上述问题。2012 年 1 月 11 日，淘宝商城更名为"天猫"（Tmall），策划并实施了世界最大级别的购物活动"双十一"。该活动在每年 11 月 11 日"光棍节"开展，始于 2009 年，到 2019 年十周年纪念时，当日交易总额竟达到了 2684 亿元的惊人数字，让世界为之震惊。现在，不仅是淘宝和天猫等中国电子商务网站，连日本的"乐天市场""Yahoo！购物"等网站也开展了"双十一"活动（在日本不叫"双十一"，而是取"十一"的日语谐音，称为"好购节"）。

上文提到，除了电子商务，阿里巴巴还在 2004 年上线了与易贝旗下结算服务竞争的第三方结算服务（二维码、条形码支付）支付宝。现在，支付宝由阿里巴巴集团的子公司蚂蚁集团运营。支付宝的出发点虽然是为淘宝等电子商务提供结算服务，可是现在，其应用软件内网罗了各种与结算相关的服务，用户可以通过支付宝支付家中的水电费用、购买保险，甚至捐款。除上述服务外，用户还可以直接连通"芝麻信用"等阿里巴巴集团相关的第三方服务。关于第三方服务，将在后文与腾讯比较，总之，芝麻信用也是支付宝提供的一大服务。芝麻信用与支付宝的结算服务关联，可以根据用户的支付情况评估个人"信用度"。其原理与信用卡一样，但是在中国，更主流的结算方式并非信用卡，而是支付宝等二维码、条形码结算。如此一来，将结算信息统一集中在应用软件内部，就能准确进行社会信用评估。

2017 年 9 月 25 日在加拿大召开的中小企业论坛上，加拿大总理贾斯廷·特鲁多（Justin Trudeau）与马云谈话，马云于谈话中提到中国游客申请签证的问题。中国游客申请签证时需要提供储蓄证明，而年轻人很难满足申请标准，因此无法申请签证。随后，他向特鲁多提议，可以引进芝麻信用作为申签的评估标准之一，简化签证申请程序。特鲁多虽然没有当场回答，但是翌年 11 月 23 日，加拿大联邦政府移民、难民和公民部（IRCC）宣布，正式将芝麻信用纳入申签的评估标准。由此可见，芝麻信用在中国国内是一种极为有力的社会信用体系。

支付宝作为支撑中国结算体系的一大服务，可以说是中国境内最普及的服务。现在，它与"双十一"一样，跨越国境走进了 54 个国家，日本的便利店和餐厅等众多店铺也开始提供支付宝结算服务。

阿里巴巴集团以电子商务为基础，开拓了结算基础业务，现在更是在电子商务这个领域加入了物流服务。该物流服务名为"菜鸟网络"，现已成为阿里巴巴集团三大基础之一。淘宝和天猫等电子商务服务迅猛发展，而支付宝作为结算基础支撑这些服务。但同时，阿里巴巴又遇到了另一个问题，那就是虽然存在电子商务的结算服务，但还欠缺其后的物流服务。物流行业需要大量劳动力，要提高配送效率可谓十分困难。此时，曾经说过"阿里巴巴永远不搞物流，因为我们不擅长物流"的马云请来中国最具代表性的顶级物流企业，建立了**物流平台——菜鸟**。

2013 年 5 月 28 日，阿里巴巴与顶级物流企业共同创办菜鸟，由阿里巴巴担任最大股东主导经营。菜鸟创造了名为"中国智能物流骨干网"（China Smart Logistic Network，简称 CSN）的物流项目，通过一系列创新，追求物流效率最优化，支持物流产业生态的发展。正如马云所说，阿里巴巴没有亲手发展物流，而是以"1+8+N"的模式，与菜鸟及包含中国邮政在内的 7 个上市物流企业，以及物流生态系统内的无数企业一道，引领了中国物流的发展。

在日本，虽然线上购物逐渐普及，但由于少子老龄化和劳动人口减少，物流领域劳动力不足的问题越来越严重。现在，日本物流业引进了智能物流手段，得以保证高达五百亿的物流件数不引起物流系统崩溃。

以电子商务为基础，加上与之相关的结算基础和物流基础，阿里巴巴构筑了三大支柱业务，并积极探索其他领域的服务。

与之相对，作为中国最大社交软件微信的运营企业，腾讯正在开发以微信为基础的事业。后文将会用图表介绍，微信目前已经成为腾讯的一大事业支柱，腾讯内部还成立了微信事业群（Weixin Group，WXG），提供超出社交网络范畴的服务。

阿里巴巴原本在第三方结算服务领域独占市场，但是 2013 年，腾讯也开始提供第三方结算服务。最开始，支付宝是第三方结算服务的巨头，人们普遍认为在微信上搭载新的结算服务——"微信支付"（WeChat Pay）很难分走现存的大饼。然而，腾讯通过细致的战略成功颠覆了多数人的预想，让微信支付成了中国两大结算服务之一，巩固了自身的地位。

通过淘宝和天猫等电商，支付宝成为购买商品的必备结算方式，因此获得了众多用户。很多人认为，微信支付作为新来者，不仅激励措施少，还依托于社交软件，要成功打入第三方结算市场恐怕很难。但是，腾讯**在微信支付中搭载了"红包"功能**，获得众多年轻人的支持，交易量瞬间超过支付宝。中国人从小就生活在每年过农历新年时收红包的环境中，将其作为一种结算功能加入微信支付，自然博得了爆炸式的人气。另外，该服务又正好在春节上线，顿时引来众多用户使用红包功能，使得微信支付的用户数量暴涨。

事实上，我也在同时使用支付宝和微信支付，就个人经历而言，使用微信支付的次数更多。其理由在于，支付宝是独立的结算服务，用于缴纳水电费、购买保险、申请贷款等结算和金融服务时非常方便。然而，微信支付是搭载在社交软件的支付方式，当社交软件用户之间转账时，它就显得更为方便。

支付宝在转账和收款时需要发送新的朋友申请，并且除了使用淘宝和天猫之外不会经常用到。而微信支付除了上文提到的红包功能，也具备普通的转账和"AA制"功能，在多人聚餐时可以利用微信的

图 2-1 左：红包功能 右：春节专用红包功能

"AA 制"功能收集聚餐费用。(中国各个地区的支付宝用户和微信支付用户分化情况很明显,如阿里巴巴的大本营浙江省杭州市主要使用支付宝。)

腾讯凭借旗下运营的微信,在其基础上不断开拓各种事业。除了上文提到的微信支付,还有植入微信的小程序功能。这可谓全世界罕见的独特功能。关于微信的各种功能,具体将在后文介绍。

与腾讯微信事业群一样,公司内部还设有互动娱乐事业群(Interactive Entertainment Group,IEG),负责游戏及娱乐相关的内容开发和运营。

2003 年,腾讯凭借游戏平台"QQ 游戏"进入了游戏领域。这个游戏平台提供各种线上小游戏,到 2004 年,在线用户已经突破100 万人。

借此机会,腾讯开始研发 QQ 系列游戏,同时积极获取国外游戏公司的授权,开启中国国内的代理运营事业。国外企业一般很难直接进入中国市场,因此开发游戏的企业会授权给腾讯这样的 IT 企业,通过委托国外运营权来最大限度地回避风险,同时开拓中国市场。

当时,中国国内有"盛大游戏"(Shanda Games)和"网易"两大游戏公司,腾讯为了扩大事业,虽加入了游戏领域,最后却惨败收场。因为 2003 年前后，中国的互联网环境尚未成熟，腾讯花费巨额资金获取的授权却很难在国内环境中使用，因此业绩迟迟没有提升。

2008 年，这一情况迎来了转机。负责腾讯游戏开发的准 "80 后" (1975 年出生) 任宇昕率领团队上线了《QQ 炫舞》《QQ 飞车》，以及韩国游戏公司 NEXON 和 SMILE GATE 授权的《地下城与勇士》《穿越火线》等游戏，获得了爆炸式人气。

当然，任宇昕与腾讯并未就此满足。他们凭借从上述游戏内容中获得的技巧与经验，利用 "自主开发+收购" 模式，继续在游戏界昂首阔步，并获得了巨大成功。2009 年，腾讯秘密投资十家游戏公司，其中还有开发了全世界用户规模最大的在线游戏《英雄联盟》的美国拳头游戏 (Riot Games)，而且腾讯在 2011 年以 4 亿美元的价格将其收购。其后，腾讯又连续尝试获取国内外游戏公司的股份，或是参与收购。截至 2019 年，除美国拳头游戏，腾讯还收购了开发知名游戏《部落冲突》的芬兰游戏公司超级细胞 (Supercell)。另外，腾讯获得了美国英佩游戏 (Epic Games)、育碧 (Ubisoft)、动视暴雪 (Activision Blizzard) 等知名游戏公司的股份。

腾讯以狂涛之势不断成长，旗下的互动娱乐事业群又在 2015 年设立了负责电影制作的 "腾讯影业"。可能很多人不知道，腾讯影业

表2-1　腾讯影业的国外代表作

2016 年	魔兽	Warcraft
2017 年	金刚:骷髅岛	Kong : Skull Island
	神奇女侠	Wonder Woman
2018 年	毒液	Venom
	大黄蜂	Bumblebee
2019 年	黑衣人：全球追缉	Men in Black : International
	终结者：黑暗命运	Terminator : Dark Fate
	邻里美好的一天	A Beautiful Day in the Neighborhood
2020 年	壮志凌云：独行侠	Top Gun : Marverick
	怪物猎人	Monster Hunter
	许愿神龙	Wish Dragon

也深度参与了近几年推出的《毒液》《金刚》等好莱坞电影的制作。

腾讯不仅在微信等服务行业，也在内容提供行业实现了惊人成长，其原因在于，它在企业内部引入了竞争模式。普通 IT 企业通常采取 All for One 的方式，将内部所有资源和开发经验投入一个开发团队，推进项目开发。

但是，实行内部竞争模式的腾讯会让多个而不是单一的团队开发同一个项目，以从中分出优劣，因此能够开发出优于其他公司的项目。当时，腾讯为了与蒸蒸日上的"微博"竞争，同时启动了内部三个开发团队以开发代替 QQ 的新服务，最终是腾讯公司现任副总裁、号称"微信之父"的张小龙率领的开发团队提出了开发方案，并成功开发了日活跃用户数超过 11 亿人的微信。

上文提到的腾讯游戏部门的竞争机制尤为激烈，旗下"游戏工作室"的各开发团队同时参与一个游戏的开发，并根据先行测试的用户反响决定正式上线的游戏。现在，全世界游戏产业迅速发展，专业玩家纷纷登场，电子竞技席卷全球，腾讯游戏也开展了通过游戏和电子竞技带活地区经济的尝试（如在安徽省芜湖市创建了电子竞技产业园）。

2018 年，腾讯内部开展了大幅度的组织改革，除腾讯游戏之外，所有事业都被纳入新开设的平台与内容事业群（Platform & Content Group，PCG），而腾讯的娱乐事业还在持续发展。

阿里巴巴与腾讯同为引领中国经济的 IT 企业，但是两者的企业文化不同，组织管理和企业战略也全然不同。简单来说，**阿里巴巴**积极实施企业并购，将企业纳入集团旗下，进行垂直经营；**腾讯**积极向相关企业投资，以联合经营为基础，部署企业战略。

从上述两个企业的组织图可以看出，阿里巴巴分为事业部门和集团旗下企业，决策层完全由阿里巴巴集团的首席执行官（CEO）和联合创始人组成。此外，集团旗下的多数企业都由阿里巴巴集团经营决策阵营成员出任总经理。腾讯则与阿里巴巴相反。腾讯控股将决策权交给旗下部门，通常采取"自治经营"的模式，对相关企业也是在积极投资的同时基本维持上述联合经营方式，支持企业独立发展。

阿里巴巴与腾讯这两个 IT 企业分别在电子商务和社交网络获得巨大成功后，又利用各自的经验和充足的资金展开了企业风险投资（CVC），投资了主业以外的各种事业企业，让公司走向多元化发展。企业风险投资是辅助事业企业亲自向创业企业或事业企业出资的模式，构成事业协同、事业多样化和成长战略的一环，在 20 世纪 90 年

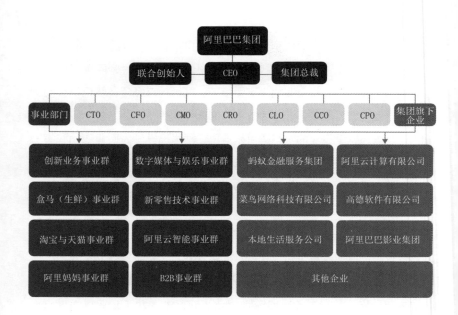

图2-2 阿里巴巴组织图

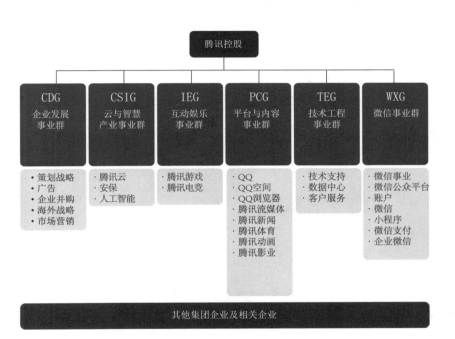

图2-3　腾讯组织图

表2-2 阿里巴巴与腾讯的商业体系

领域		阿里巴巴	腾讯
电子商务	电子商务	淘宝网、天猫	京东、拼多多
	新零售	盒马鲜生	超级物种、7FRESH、每日优鲜
社交网络		钉钉、阿里旺旺、微博、陌陌	微信、QQ
金融	第三方结算服务	支付宝	微信支付
	借贷服务	花呗、蚂蚁借呗	微粒贷、人人贷
	保险	众安银行、国泰产险	众安银行
	理财服务	余额宝	微信理财通、腾讯自选股
	信用评估	芝麻信用	腾讯征信
	银行	网商银行、邮储银行	微众银行、邮储银行
物流		菜鸟网络	京东物流
地图		高德地图	腾讯地图
配送		饿了么、口碑网	美团点评
网约车		滴滴出行、神州专车	滴滴出行、人人车
共享单车		ofo、哈啰单车	美团单车（原摩拜单车）
娱乐	视频	优酷土豆、哔哩哔哩	腾讯视频、快手、哔哩哔哩
	电影	阿里巴巴影业、淘票票、大麦网	腾讯影业、猫眼
	音乐	阿里音乐、虾米音乐	QQ音乐
	游戏	阿里游戏	腾讯游戏、超级细胞
	体育	阿里体育	腾讯体育
媒体		第一财经、36氪	腾讯新闻、创业邦
教育		VIPKID、宝宝树	VIPKID、洋葱数学
医疗		阿里健康	丁香园、妙手医生
旅行		飞猪	同程艺龙
不动产、家具		海尔家具	链家网
云服务		阿里云	腾讯云
市场营销		阿里妈妈	腾讯广告联盟

代的美国逐渐发展成熟。美国的 GAFA（谷歌、苹果、脸书、亚马逊）的成长也借助了这种模式。根据日本总务省的数据，谷歌收购了 224 家企业，苹果收购了 104 家企业，脸书收购了 74 家企业，亚马逊收购了 97 家企业。

这些大型 IT 企业被称为数字化平台（或是大型平台），都是通过互联网改变人们生活的主体。它们通过企业风险投资积极开展企业并购战略，不断尝试创新。一般来说，大企业自上而下的内部调整需要大量时间和成本，因此开发新事业十分困难，容易陷入"创新困境"。通过企业风险投资进行出资和投资，则有可能与主公司形成协同效果，或是加入第三领域。相比分出成本进行自主开发和新事业策划，这种模式可以确保一部分既存用户，通过与拥有技术、经验和人才的企业或创业企业进行协同，可以在短时间内获得最大效果。

此外，GAFA、阿里巴巴和腾讯等都属于在本公司开设研究机构的技术主导型企业。它们可以绕开"A&D"（Acquisition and Development，通过收购进行研究开发），转而实施"R&D"（Research and Development，研究与开发）来削减成本及更容易地获得优秀的技术。

阿里巴巴和腾讯积极实施企业并购战略。两者除中国的社会基本领域以外，还涉足场所、车辆、物品、人、技能等共享经济相关服

表2-3　GAFA的企业并购情况

企业名称	标记时间范围内企业数			标记时间范围内投资额	
	收购企业总数	收购企业中技术类企业总数	已知收购金额的技术类企业总数	技术类企业收购金额（仅包括已知收购金额的企业）	技术类企业总收购金额（参考估值）
谷歌 （2001 年 2 月～2018 年 3 月）	224	207	57	约309亿美元（57企合计）	约830亿美元（计算平均收购金额时除去摩托拉）
苹果 （1988 年 3 月～2018 年 3 月）	104	97	40	约84亿美元（40企合计）	约163亿美元（计算平均收购金额时除去BeatsElec）
脸书 （2007 年 7 月～2018 年 1 月）	74	66	14	约230亿美元（14企合计）	约388亿美元（计算平均收购金额时除去WhatsApp）
亚马逊 （1998 年 8 月～2018 年 2 月）	97	47	16	约50亿美元（16企合计）	约147亿美元

资料来源：根据日本总务省《令和元年版信息通信白皮书》、日经BP总研与Techno Associates共同调查《GAFA的企业并购情况》制作

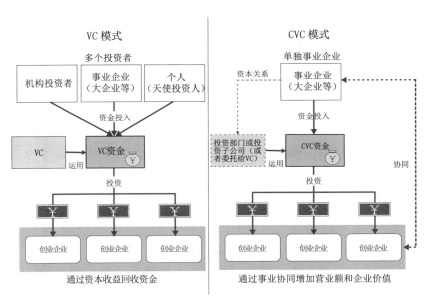

图2-4 风险投资（VC）、企业风险投资（CVC）的组织模式

务，以及娱乐等各种领域。

作为世界上最大规模的电商企业，阿里巴巴提供了第三方结算及物流等电子商务相关服务，还积极开发社交网络事业，与腾讯展开竞争。

腾讯除了基于微信和 QQ 等社交网络的服务以外，还向用户提供丰富的游戏等内容服务，除了上文提到的腾讯影业，它在音乐、视频等领域也开展了大规模的事业。腾讯为了与阿里巴巴竞争，也开始涉足电子商务事业，通过中国电子商务市场份额第二的京东展开了代理战争（腾讯是京东的最大股东）。两家企业虽然战略不同，但都通过企业并购出资和投资打造了商业体系，在各个领域通过相关企业展开代理战争。

图 2-5　左：微信支付　右：支付宝

第 3 章　冲在世界最前端的 App 大国

阿里巴巴与腾讯的主要代理战争

电子商务

在电子商务领域，世界上规模最大的电子商务企业阿里巴巴占有绝对优势。然而，腾讯出资的京东也不甘示弱，牢牢占据着中国第二大电子商务企业的地位。淘宝是 C2C 购物网站，天猫是 B2C 购物网站，京东则采用了类似亚马逊的直销模式，自主采购商品，用自有的物流网配送，也就是电子商务形式的买手店。

图 3-1　清华大学内部开设的"天猫超市"支付宝刷脸支付

京东最为看重的是家电领域。在一般的 C2C 或 B2C 购物网站，销售商相对难以提供售后服务，京东则将售后囊括在商品销售中。此外，与阿里巴巴不同，京东还使用了自有的物流网络，可以提供从销售到商品配送的整合服务，是人们购买家电等高价商品时最经常利用的电商网站。除此之外，还有一家企业同样得到腾讯出资，并以社交网络形式发展电子商务，那就是拼多多。用户通过微信可以直接登录拼多多，参加团购和砍价。该服务目前在中国的大范围流行，使拼多多一跃成为继阿里巴巴和京东之后的中国第三大电子商务企业。

除了上文提到的电子商务，在新零售领域，阿里巴巴与腾讯的代理战争也如火如荼。**新零售战略**是阿里巴巴集团提出的核心战略，根据阿里巴巴集团的解释，它可以通过"**应用移动互联网和数据技术，实现零售业的数字化变革，提供线上线下相融合的全新消费体验**"。

简单来讲，新零售就是融合了线上与线下的"OMO"（Online Merges with Offline）模式，它应用了零售行业涉及的物流、数据和技术，提供了新的零售体验。在阿里巴巴提出的新零售战略中，居于核心地位的就是"**盒马鲜生**"（以下简称盒马）。

作为新生代超市，盒马应用了大数据和人工智能（AI）等技术，为顾客提供了全新的消费体验。顾客可以用盒马 App 在线上购买商

图 3-2　河北省雄安新区的京东无人超市

品，还可以向商店订购自己需要的生鲜食品。它在物流方面也进行了优化，针对店铺半径 3000 米以内的顾客，原则上 30 分钟之内配送到家。此外，盒马还通过收集用户购买数据进行消费分析，优化店内的商品陈列和商品种类。当然，结算也全部使用阿里巴巴旗下的支付宝，提供二维码支付和刷脸支付服务。

腾讯虽然没有旗下直接经营的新零售服务，但是它投资的"永辉超市"开发了新零售超市"超级物种"。另外京东也推出了"7FRESH"，作为其代理与阿里巴巴的盒马鲜生竞争。除"7FRESH"以外，京东还开设了"京东 X 事业部"，进行无人超市的研发，并已经在中国多个城市投入使用。

物流

近年来，日本在线商店逐渐普及，同时物流领域的劳动力不足问题开始凸显，时常见到物流崩溃的场面。就在几年前，中国也一度因为"电子商务热潮"而产生了许多问题，但是全国两大电商企业——阿里巴巴和京东各自开展了自己的物流事业，逐步解决了这些问题。如上文所述，阿里巴巴推出了菜鸟物流平台，利用智能物流等创新技术改善了物流情况。与此同时，京东也推出了物流服务。菜鸟以"1+8+N"的模式开展物流平台服务，京东则创建了自己的"京东物流"。

京东物流与阿里巴巴的菜鸟不一样，是在中国境内布下专属物流网络。用户在京东购买的商品会立刻由京东物流仓库进行配送，90%以上的商品都能在 24 小时以内送到用户手上。截至 2019 年 6 月 30 日，京东物流在中国国内拥有约 600 个物流仓库，配送范围覆盖了全部行政区域。另外，京东还提出了 24 小时配送到偏远农村的"双 48 小时"构想。具体是指以 48 小时从中国到全世界，再以 48 小时配送到用户家中。

双方采取的模式截然不同，但在物流界展开了激烈竞争，迅速提高了中国的物流服务水平，使物流环境得到了最大优化。中国国家邮政局发布的《邮政行业发展统计公报》显示，2018 年中国全年快递服务企业业务量达到 507.1 亿件，与日本国土交通省 2017 年度的《宅急送等配送件数调查及统计方法》中公布的 42 亿件相比，中国是日本的约 12 倍之多，却没有引起物流崩溃。由此可见，上述两家企业的确通过技术创新改善了物流环境。

外卖

根据中国最大的餐饮外卖平台"美团点评"公布的 2019 年《中

国外卖产业调查研究报告》，中国餐饮外卖市场在 2019 年达到了 6035 亿元的惊人规模。日本最近刚刚兴起 Uber Eats 外卖等餐饮外卖服务，而早在 2010 年初，中国的餐饮外卖市场就开始急速扩张，现在更是深入每个人的生活。

"90 后"以后的世代，尤其是"95 后"和"00 后"成了餐饮外卖市场的主要客户。其中，最早开始提供餐饮外卖服务的企业就是"饿了么"和"美团点评"（以下简称美团）。

饿了么成立于 2008 年，在餐饮外卖服务尚未兴起的时期就已经加入行业，是餐饮外卖的起点。它以醒目的蓝色标志著称，其新颖的商业模式吸引了众多资本，先后得到了红杉资本中国基金、腾讯、京东等股东的投资。当时市场上还有其他几家提供餐饮外卖服务的创业企业，饿了么则凭借丰厚的资金展开了数额巨大的用户补贴活动，使得众多用户聚集到饿了么平台，事实上形成了独占市场的态势。

但是到了 2013 年，原本经营电商团购的美团突然加入了餐饮外卖市场。它凭借阿里巴巴的投资积极开拓事业，利用大额补助金策略赢得了商户和消费者，在餐饮外卖市场逐渐提高了知名度。随后，BAT 之一的"百度"也推出"百度外卖"，后者成为餐饮外卖产业第三大企业，形成了百度、阿里巴巴、腾讯的 BAT 代理战争。

图 3-3　左：美团界面　右：饿了么界面

2015 年，美团与当时中国最大的美食评价网站"大众点评"合并，更名为现在的"美团点评"。同年，阿里巴巴从美团撤资，美团与腾讯加强了合作。2018 年，阿里巴巴完全收购饿了么，而百度则在 2017 年退出餐饮外卖市场，转而将重点放在人工智能事业，旗下的"百度外卖"又被当时的饿了么收购，因此到目前为止，餐饮外卖行业事实上被饿了么与美团平分天下。

从市场占有率的角度分析，饿了么与美团合计占据约九成的市场，其中美团占六成、饿了么占三成，前者优势较大。将两个平台放在一起比较，美团的优惠金额多于饿了么，腾讯又通过微信形成了"正面网络效果"，这才使得美团后来居上，占据过半市场。另外，美团自身也发展成了大型平台，正如其企业宣传语"吃喝玩乐，尽在美团"，其 App 内部网罗了吃喝玩乐各个方面的服务，因此更多用户选择使用它。

共享单车

说到中国共享经济，首先想到的应该是共享单车的元祖——小黄车"ofo"，以及其竞争对手"摩拜"。共享单车服务一出现就席卷全国，日本媒体也经常报道其盛况。一时间，中国提供共享单车服务的企业猛然增加到数十家，大街小巷摆满了五颜六色的共享单车，有人评价称它们摆在一起能组成一道彩虹。其中色彩最为显眼、随处都能见到的共享单车便是阿里巴巴的 ofo 和腾讯的摩拜。

2014 年 ofo 诞生时，首先在其 CEO 戴威的母校北京大学展开服务。只需一点押金和低廉的使用费就能自由使用的共享单车服务瞬间席卷市场，五个北京大学出身的 "90 后" 就像谷歌创始人那样，认为 ofo 不久之后能够改变世界，到 2017 年已经在全球 20 个国家的 250 多个城市展开了共享单车服务。2018 年春，日本成为共享单车进驻的第 21 个国家，地点选在了和歌山市和北九州市。

可是到了 2018 年秋天，中国媒体曝光 ofo 遇到资金困难，准备企业重组。原本 ofo 计划用押金来冲抵运营资金并提高收益，但是其他共享单车企业纷纷推出了凭借信用点数免除押金的服务，导致 ofo 运营资金链断裂，经营模式崩溃。

现在，曾经是共享单车巨头的 ofo 事业大幅萎缩，与其展开长期消耗战的摩拜也被美团收购，变成了美团综合平台内提供的 "美团单车" 服务。如今共享单车提高了使用费以规避风险，行业也出现了资源重组：腾讯美团旗下的 "美团单车"、阿里巴巴旗下的 "哈啰单车"，以及网约车服务巨头 "滴滴出行" 收购 "小蓝单车" 后推出的

图 3-4　北京市内的共享单车，从前往后依次是摩拜、ofo、小蓝单车

"青桔单车"分别占据部分市场。

娱乐

近年来，中国娱乐业得到了飞跃式发展，如上文提到的腾讯影业和阿里巴巴影业开始进军好莱坞，以及中国发展出独具特色的视频服务等。2019 年，张勇继马云之后成为阿里巴巴 CEO，在这一安排公布的同时，张勇还宣布将事业推进的重点放在"大文娱"，激起了业界反响。

首先要注意的是阿里巴巴与腾讯在中国电影业的竞争。2014 年，阿里巴巴收购了中国电影制作公司"文化中国传播集团"，成立了阿里巴巴影业。成立之初，阿里巴巴请来中国最大的电影制作公司"中国电影集团公司"的前领导层负责运营管理，还请到了国际巨星——李连杰出任高管，打下了坚实的基础。与之相对，腾讯影业成立于 2015 年，与既存的腾讯游戏和腾讯动画共同构成了腾讯娱乐系统。构筑起坚实阵营的阿里巴巴影业从一开始就积极与大型电影制作公司等合作，引入外国电影，但是面对劲敌腾讯，陷入了苦战。

阿里巴巴虽然比腾讯早一年进入电影行业，但在实际内容制作方面，腾讯已经先人一步。当时中国国内的市场事实上被"优酷网"

和"土豆网"这两大视频网站占据，在这一背景下，腾讯于 2011 年成立了"腾讯视频"。当时视频网站的上传内容主要是用户原创内容（User Generated Contents，UGC），网络上充斥着违法上传的盗版动画和电影。后来两家公司合并为"优酷土豆"，在强调用户原创内容重要性的同时，又通过广告收入获得赢利，并在此基础上开展事业。腾讯视频则采取了相反的策略，不断购买国外内容版权，积极投放到中国国内，先人一步采用了现在早已渗透到人们生活中的付费会员形式，获得了许多忠实用户。相比优酷土豆的用户原创内容，腾讯视频集中了更丰富的国外内容，其用户数量稳步增长，并在号称"视频付费元年"的 2016 年取得了用户数量超 2000 万人的成就。

2015 年，阿里巴巴收购优酷土豆，将其纳入阿里巴巴大文娱，然而业绩持续低迷。再加上当时视频网站自主制作的电视剧和综艺节目人气渐渐火爆，腾讯影业和百度旗下的"爱奇艺"都获得了可观的业绩，优酷土豆却没能赶上热潮，持续负增长，将长年掌控的市场首席宝座拱手让给了腾讯影业。

现在，优酷土豆已经落后于腾讯视频和爱奇艺，成为排名第三的视频网站，紧跟其后的就是中国最大的 ACG（动画、漫画、游戏）视频网站"哔哩哔哩"。腾讯通过旗下的腾讯视频和腾讯游戏积累了内容制作的经验，绝不是临时加入的阿里巴巴能够挑战的对象。除此之外，售票网站"淘票票"为了与腾讯的"猫眼"抗衡，也在优惠方面消耗了大量资金；在音乐服务上，阿里巴巴一开始还能与腾讯势均力敌，但是由于管理层丑闻而全线溃败，导致腾讯一直领先。

最强的社交服务软件：微信

微信（WeChat）经常在日本被介绍为中国版连我（LINE），但是这个来自中国的社交软件每天活跃用户数量高达 11 亿人，早已超出社交软件的范畴，发展成了一个多元的大型平台。微信上架 433 天，用户数就已超 1 亿，两年后更是突破 3 亿，可谓令人惊异的成长。它的成功并非一朝一夕能够达成，因为张小龙及其开发团队是通过长年的积累和好几次大幅度改动，才让微信发展成了现在这个规模。

张小龙的微信开发团队一开始开发出来的软件极为简单，换句话说，就是一个毫无特征的社交软件。与同属腾讯的社交软件 QQ 相比，后者不仅有企鹅吉祥物，还能通过付费为用户虚拟角色更换新衣，性能极为丰富。而微信在刚上线时，只是一个能发送文字和照片的简陋社交软件。

当时腾讯的同类竞品 QQ 是中国用户数量最多的社交软件，尤其受到年轻人的欢迎。尽管如此，腾讯还是决定开发新的社交软件。其背景是上文提到的微博的兴起，以及推特等即时通信软件的诞生。微博是搭载了迷你博客功能的社交 App，其私信功能也十分突出，因此逐渐占领了 QQ 占有的市场。另外，QQ 还有一个致命的缺点。2007年，搭载了 OS X iPhone（iOS 原型）的第一代苹果手机上市；2008年，安卓诞生，世界正在大步迈向智能手机时代，而 QQ 依旧是一个基于电脑的软件，移植到智能手机平台极为困难。

万幸的是，来自美国的超高人气社交软件脸书和推特都不在中国内地提供服务，不会对腾讯造成直接威胁。尽管如此，面对微博的成长，腾讯还是不得不作出抉择。

2011 年 1 月，微信应运而生。这个可谓一张白纸的社交软件逐渐呈现了马化腾和张小龙，以及微信开发团队努力描绘的宏大前景，现在已经不能再被称为单纯的社交软件，而是发展出更加多元的服务，成为一个大型平台。在此过程中，微信经历了七次大规模升级，根据2019 年 1 月腾讯发布的《2018 年微信数据报告》，微信现在的每月活跃用户数（MAU）达到 10.825 亿人，55 岁以上的用户突破了 6300万人（截至 2018 年 9 月）。此外，微信每日信息发送数量超过 450 亿条，视频通话次数也达到 4.1 亿次，已经发展成为亚洲最大的社交软件平台。

微信 1.0——"一张白纸"的社交服务

　　正如上文所述，微信 1.0 在刚发布时宛如一张白纸，其功能极为简单，只能发送文字和图片。腾讯自身也认为这一时期的微信与同期诞生的其他社交软件一比就相形见绌，下载安装了微信的早期用户也不太活跃。另外，微信甚至比不过当时已经从电脑移植到智能手机上的 QQ，有的用户甚至重新开始使用 QQ 了。而且，这一版微信也无法使用 QQ 率先在业界开始提供的语音通话和语音信息功能。

微信 2.0 到微信 3.0——用户倍增计划

微信 1.0 没有实现腾讯经营层和微信开发团队的期待，上架后持续低迷。应用市场还经常能看见一星评价，于是微信开发团队必须想办法打破这个局面。从微信 2.0 开始，软件搭载了原本在 QQ 上备受好评的语音信息功能，用户数量开始缓慢上升，腾讯也决定借此机会积极吸引用户。首先，微信推出了直接从手机联系人名单添加朋友的功能，同时还加入了 QQ 联动系统。如此一来，QQ 用户就能直接登录微信，微信也能直接接收 QQ 的离线信息了。此举一经推行，微信用户数立刻激增。正因为腾讯本来就是社交软件的巨头，才能成功实施这一战略。当然，微信开发团队的"用户倍增计划"没有就此止步。在开发了添加用户现存好友的渠道后，他们又投入了基于定位服务的社交功能。

当时正是电脑平台逐渐转向智能手机平台的时期，因此社交软件得以实现原本在电脑上无法实现的定位功能。它可以寻找用户附近的陌生人，并在软件上加为好友。2019 年，这个"陌生人社交"再次升温，形成了"匿名社交×匹配服务"的热潮。微信在这一时期已经具备了基于定位信息的服务。

到了微信 3.0，基于定位信息的服务进一步强化，接连出现了"摇一摇"和"漂流瓶"功能。"摇一摇"是指晃动打开了微信界面的智能手机，根据目前的定位信息找到同样使用了"摇一摇"功能的用户，并且添加为好友。"漂流瓶"则如同其字面意义，在微信界面上显示海景和放入留言信息的瓶子，向陌生人发送匿名信息。这两种功能都是开发陌生人好友的"匿名社交"功能，为增加用户数作出了巨大贡献。

此外，在这一时期，微信还积极开发二维码服务，建立了扫描二维码添加好友的系统。通过这一系统，原本只能在线上添加好友的社交服务又增加了线下功能。现在，在中国的商务场合，微信"扫一扫"已经超过了交换名片的行为。有了这一功能，原本主要靠电子邮件交流的中国商务沟通逐渐转向微信交流，人们能够在微信上直接进行商谈，让工作进展更顺利。（当然，在业务中使用微信也存在缺点，如无法明确区分工作和私生活。）

这一功能让原本多用于私生活的社交软件同样可以应用在工作场合，使得微信一举达成了用户数超 1 亿人的成就。另外，这一时期还导入了微信小程序，促使微信后来发展成为一个超大型平台。

微信 4.0——从社交工具到社交平台

微信 4.0 是微信从社交工具发展成为社交平台的第一步。根据传统定义，社交软件是帮助用户在线上交流的工具，其功能主要是互相发送文字和图片。但是，2012 年微信更新到 4.0 之后，又添加了"**朋友圈**"功能。这种功能类似连我的时间线，用户可以在朋友圈上传图片，其好友可以点赞或评论。

解释到这里，大多数读者可能认为这跟连我的时间线功能差不多，但是中国用户使用朋友圈的频率和方法与日本用户使用连我的情况截然不同。日本用户使用时间线的频率并不高，反倒更倾向于在脸书或照片墙（Instagram）上发布，而微信则是一个集合了连我、脸书、照片墙、推特等功能的软件。除了日常分享，学生可以在朋友圈发表学术内容，商业人士可以发表商业内容，或是转发后文将会介绍的"**公众号**"或第三方应用的内容，使微信形成了可以被称作"**朋友圈社会**"或"**朋友圈经济圈**"的一大社区。现在，用户在朋友圈分享的信息已经是一种十分宝贵的信息源。例如，我就能通过朋友圈了解到好友近况、社会新闻、大学将要举办的特别讲座和学术研讨会、奖学金及就业信息，因此每天都要查看朋友圈的新内容。

上文提到的公众号是微信 4.5 新增的功能。这种功能类似连我的官方账号，但是公众号的开设者除了法人，还可以是个人或社团。人们可以通过公众号传播信息。以我关注的公众号为例，其中既有耐克、星巴克这些企业公众号，也有新华社、人民网、36 氪等媒体公众号，还包括日本国驻华大使馆、日本国际交流基金会等政府机构官方号，以及兴趣爱好和专业相关的个人、社团开设的账号等，合计 200 多个公众号。我还关注了清华大学相关的 80 多个公众号，其中既有大学官方账号，也有系部、研究生院、研究设施、大学附属机构开设的公众号，以及学生会、学生社团、班级和年级的公众号等。当然，这些大学和机构都开设了官方网站，可以从那里获取信息，但是公众号上的信息量更大，而且随时能够在微信上查看，因此许多学生都在使用。遇到特别重要的信息和想要传播的信息，用户还可以转发到朋友圈，因此定期查看必不可少。

自从微信 4.0 发布后，它就从单纯的联系工具摇身一变，成了可以发送和接收各种信息的社交平台，从而发展为日常生活不可或缺的软件。这一时期，朋友圈和公众号的商业价值虽然还不高，但是它们与后来出现的"小程序"联动之后，也渐渐开始产生商业价值。

微信 5.0——微信支付的诞生

2013 年，腾讯决定在微信上新增第三方结算服务"微信支付"。此举意味着微信开始走向赢利化，因此这次升级是极为重要的转机。上一章已经介绍过，微信支付真正发展成与支付宝平分天下的契机，是 2015 年农历新年时，微信 6.1 新增了红包功能。在此之前，微信支付一直处在试错阶段，在营销方面，主要进行社交服务开发的微信开发团队也难以与主打支付宝和电子商务事业的阿里巴巴相抗衡，经历了多次失败。

2013 年之所以成为微信"商业化元年"，是因为除了微信支付功能外，软件中还添加了"游戏中心"和"表情中心"等内容。游戏中心是腾讯向来强势的游戏领域，通过在微信内植入游戏，增强了与腾讯游戏的联动性，可以通过网络效应得到更多用户。随着用户数增加，游戏内部付费和广告费等收入也会增加，可谓微信的一大赢利手段。表情中心参考了在日本获得成功的连我付费表情，汇总了深受微信用户好评的原创表情包，实施付费使用制度。然而，中国尚不存在为表情包付费的习惯，因此用户反响不佳，导致微信团队事实上放弃了这种形式的运营。

最后，微信开发团队极有自信的游戏中心和表情中心给出了一胜一败的成绩，微信的发展依旧艰难。赢利化道阻且难，开发团队不得不反复试错，研究如何让已有的社交平台实现商业化。不过，到了微信 6.0 推出时，转机出现了。

微信 6.0——微信 OS 化

2014 年 9 月 30 日，微信 6.0 公开。这是一次历时四年的升级。这一时期，微信实现了前所未有的飞速发展，从原本的社交工具发展成社交平台，继而进化为操作系统（OS）。

首先，6.0 升级在强化现有功能的基础上，还搭载了微信支付的附属服务"微信卡包"。这个新功能可以用于储存电子优惠券、会员卡和票据，可谓微信支付战略的重要基石。这一功能的主要用意在于对抗当时在点评界独占市场大头的大众点评的优惠券和会员卡制度。

2015 年农历新年，微信公开 6.1 版本，增加了后来使微信支付风靡一时的红包功能。以此为契机，支付宝与微信支付二分天下的时代拉开序幕。6.1 升级以后，微信支付、公众号、朋友圈、收发信息等相关功能相辅相成，而微信团队又在 2017 年 1 月 9 日公开了微信的又一个里程碑——"小程序"功能。

小程序是可以在微信上直接使用的简易程序，因为无须安装，用户也就无须在意程序大小和更新问题。此外，虽然该功能名为小程序，但只要是腾讯生态系统内存在的服务和相关公司开展的服务，基

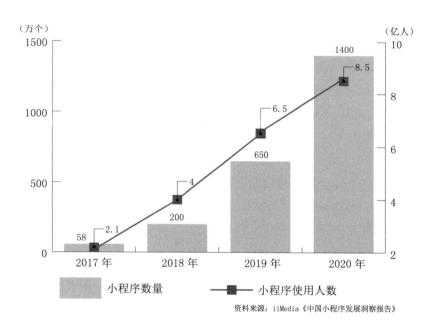

图3-5 小程序用户演变

本都被囊括其中。例如，上文提到的美团等餐饮外卖服务、京东等电商服务、网约车服务、视频娱乐相关服务等，都可以在这里找到。用户在使用这些服务的过程中，如果需要结算，则可以直接使用微信支付功能，因此微信又被称作"超级应用程序"。

事实上，不仅用户能够享受到小程序带来的便利，应用程序开发者和创业者也得以在这个新的操作系统上低成本地开发应用和服务，因此它还促进了创新。此外，微信本身作为一个大型平台，在其生态系统内部囊括了**"小程序+朋友圈+公众号+微信群"**，形成一个**"全方位"**的平台，通过共同承担开发成本和共同向用户提供服务，得以享受"范围经济"的收益，可以通过用户共享的直接网络效应来进一步增加用户并提高用户效率。在中国国内互联网用户达到饱和状态，众多平台商开始忧虑今后的发展时，微信成为一个坐拥 11 亿用户的超级应用，能够通过小程序保证用户的联动性，实现商业效益最大化。

现在，除微信以外，支付宝和百度也成了小程序供应商，在这一领域展开了 BAT 三方的代理战争。但是正如上文所述，微信在应用内部构筑了**"小程序+朋友圈+公众号+微信群"**的生态系统，更为便利，又能与日常使用的社交服务联动，自然占据了最大的市场份额。

微信 7.0——随用户群不断发展的大型社交平台

持续了将近四年的微信 6.0 升级在 2018 年 12 月 21 日正式结束，转而升级为 7.0 版本。微信诞生七年以来，从社交软件一路发展到社交平台，继而成为操作系统，现在已经一跃成为全世界屈指可数的大型社交平台。微信 7.0 的升级进一步改善了用户体验，为了让 11 亿用户得到更方便的使用感受，添加了推荐热门文章的功能，还改善了微信界面。这一切的背后是"微信之父"张小龙及微信事业群全体成员提出的微信"四大价值观"。

所谓微信"四大价值观"，是指：①一切以用户价值为归依；②让创造体现价值；③让用户用完即走；④让商业化存在于无形之中。①和②尚且容易理解，③和④则是微信团队独特的思考，因此我第一次读到"四大价值观"时，也很难理解其深意。首先是"让用户用完即走"。张小龙认为，一个优秀的程序不能纠缠用户，而是尽量保持距离，在必要时为用户提供帮助，最大限度地提高效率。

张小龙还说，在开发应用程序时，他也会尽量缩短用户操作微信的时间，让用户把时间用在其他方面。"让商业化存在于无形之中"，就是在实现赢利目标的同时尽量避免增加用户负担，让商业化在无形中实现，在保证用户使用微信体验的同时使用户的收益得以增加。事实上，微信的用户界面非常简单，而且功能齐全，并刻意将付费内容和广告放在目光不可及的部位，完美体现了这一价值观。

　　"一切以用户价值为归依"——拥有 11 亿用户的微信无论进行什么样的小升级都会造成比较大的影响，因此任何升级都会在慎重考虑用户立场的基础上实施。微信如今已经成为人们数字生活中不可或缺的社交平台，或许今后也将继续推陈出新，丰富用户的生活。

"TikTok"对"快手"

在日本，TikTok 已经成为备受高中生和大学生等年轻人欢迎的视频社交软件。在 TikTok 上，用户可以轻松制作带背景音乐的短视频，并且上传到平台，互相评论和点赞。该软件搭载了视频加工和美颜美化的功能，可以制作出年轻人格外重视的美颜视频。TikTok 一时间出现在日本电视、街头、地铁站的大量广告上，它其实是中国传媒企业**"字节跳动"**开发的软件。

字节跳动成立于 2012 年，以传媒服务"今日头条"为主要业务。2016 年 9 月，字节跳动正式进入视频社交领域，发布了中国版 TikTok**"抖音"**。2017 年 11 月，字节跳动收购了当时北美最大的视频社交软件 Musical. ly。

抖音与 TikTok 不仅图标相同，用户界面也极为相似，但两者是完全不同的应用程序。首先，抖音是面向中国用户的视频社交软件，只在中国国内运营；TikTok 则面向全世界开放，截至 2019 年 12 月，已经在 150 多个国家和地区上架。其次，抖音与 TikTok 虽然同属视频社交软件，其功能和内容却截然不同。抖音主打视频内容，同时搭配电子商务和评论功能。如果光说视频社交软件、电子商务和评论，很多人可能不太明白。事实上，抖音的视频内容会弹出画面内容中提到的商品链接，观众可以通过这些链接直达淘宝或京东等大型电子商务网站，立刻购入视频内的商品。另外，抖音还可以根据视频的定位信息找到相应的餐厅和商店，弹出视频内出现的店铺的评价情况。

解释到这里，可能还有部分读者难以理解这个中国版 TikTok 的功能。抖音和 TikTok 虽然同是字节跳动旗下的视频社交软件，但两者的内容可以说截然不同。正如上文所述，日本的 TikTok 用户主要是高中生和大学生等年轻人，而最受这些人欢迎的就是美颜视频。最近，主打图片分享的社交软件照片墙也推出了视频分享和"照片墙故事"（Instagram Stories）功能，可以上传 60 秒以内的视频，视频将在 24 小时后自动消失。照片墙就是最早能够分享美颜图片的软件，甚至有一段时间，学生群体喜欢把美颜效果格外好的图片形容为"Ins 风"。通过上传这些美颜图片和"Ins 风"图片，分享者可以得到其他用户的点赞和评论，从而获得满足感。

基于这样的背景，在主打短视频的 TikTok，其用户多会上传美化效果极佳的内容；而抖音则将短视频作为一个精心打造的内容，在上面花费更多心思。举个例子，初期的抖音也有许多日常生活视频，而现在打开抖音，则会看到背景音乐烘托的女性化妆视频，大变身效果的视频，以及使用了计算机动画（CG）技术、如同精美电影片段的微电影，介绍历史、文化、美食的视频，中国人民解放军或人民警察官方制作的安全宣传视频等，种类可谓多种多样。点赞数量多的视频都有一个共同特点，那就是扎实的故事线。这些内容准确反映了用户的需求，用户设定相应的发布账号和视频登场人物的人设，并根据故事线添加符合视频内容的背景音乐，最后制作成一段视频。其结果就是，中国抖音上的大量视频极其精美细致，使普通视频很难得到大量点赞。

与重视美颜效果的国际版 TikTok 相比，抖音已经成为内容更容易商业化的视频平台。从企业角度来看，这个平台上有许多方便添加商品链接的视频，相比美颜视频，人们可以将商品整合到视频的故事线中。此外，抖音平台上还有各种各样的视频分享，企业也可以通过开设视频账号和设计主播的人设，进行符合自家商品形象的宣传。当然，介绍历史、文化和美食等相关知识的账号也可以直接宣传相关商品，只要添加商品链接，就能让用户直接转到电子商务网站下单。

说句题外话，抖音除了可以被应用在商业领域，也可以被用于中国国内的"政府之声"、"旅游宣传"和"地区振兴"。比如，中国吉林省四平市公安局开设的抖音账号"四平警事"，截至 2019 年 12 月，已经有 1553 万关注者，是中国关注人数最多的政府机关官方账号。该账号分享的多数视频都是犯罪行为揭露和交通安全警示，用诙谐幽默的内容切实普及了预防犯罪和保障安全的相关知识。除"四平警事"以外，抖音还有 5724 个政府机关官方账号，其中除了公安局，还有中国人民解放军陆军、北京市公安局特警总队等部门的账号。

原本主打短视频业务的抖音在 2019 年迎合用户需求，将可制作的视频时长延长到了 5 分钟。以前，在抖音只能制作 15 秒到 1 分钟的短视频，以供观众轻松观看。现在，由于用户开始追求更丰富的内容，抖音推出了 5 分钟时长的视频制作。这对电子商务网站来说也是一个好消息，因为它们可以根据自己的需求分享长度不同的广告。

在曾经以娱乐内容为主的视频社交平台上，渐渐兴起了教育内容的热潮。"90 后"及其后的"00 后"经常利用上文提到的微信和抖音等社交软件来学习和收集信息。他们可以通过微信朋友圈和公众号学习和收集信息，还可以在抖音等视频社交平台上关注自己感兴趣的内容账号，通过视频学习和收集信息。目前，抖音等视频社交平台的教育内容播放量显著增加，众多年轻人在这些平台上学习编程或 Excel 使用方法，以及日常的烹饪、爱好、语言等内容。

2018 年，抖音的每月活跃用户人数突破 5 亿人，其用户主要是"90 后"的年轻人。另外，2019 年，TikTok 一举超越照片墙，成为苹果应用商店（App Store）、谷歌应用商店（Google Play）等全世界应用市场下载数排行榜第四名，可见其在全世界的人气。

另一个视频社交软件**"快手"**则走上了与受到年轻人大力支持的抖音截然不同的道路。现在，快手是拥有 7 亿用户的一大视频社交平台，每月活跃用户数也达到 3 亿人。快手的目标用户并非抖音平台上的一线城市青年，而是**二、三线城市及广大农村地区的用户**。快手将这些用户吸引过来，并在应用程序内设置电子商务功能，更容易向偏远地区进行特产商品宣传和销售。

快手诞生于 2011 年，当时称作"GIF 快手"，主打 GIF 图片制作、编辑和上传。2012 年 11 月，快手从 GIF 制作工具摇身一变为短视频分享平台，七年以后发展成了坐拥 7 亿用户的一大视频服务提供商，与抖音二分天下。与创造抖音的字节跳动创始人张一鸣一样，快手创始人宿华也是一名"80 后"，但两人运营的视频社交平台定位完全不同。抖音在日本的主要用户是高中生和大学生等年轻人群体，在中国国内的用户则主要是"90 后"，其分享内容主要是紧跟潮流的精美视频。但是，**快手则以号称"土味文化"的内容为武器**，与抖音

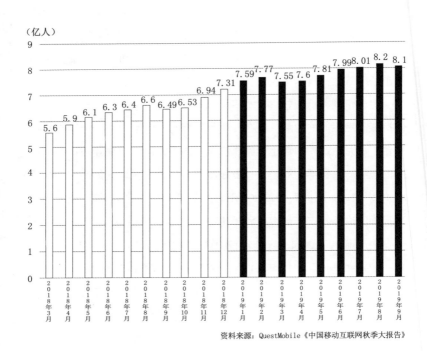

资料来源：QuestMobile《中国移动互联网秋季大报告》

图3-6 中国短视频行业每月活跃用户数

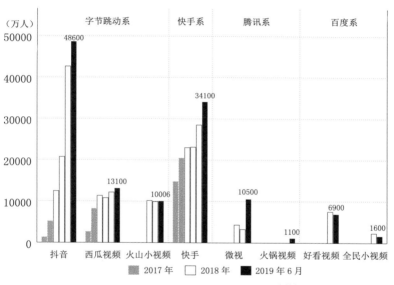

资料来源：QuestMobile各类报告

图3-7 各种短视频服务的每月活跃用户数

在视频社交市场上抗衡。

中国的视频服务可谓实现了飞跃式的发展，但实际上，这一领域已经渐渐出现了阴影。

2016 年，中国迎来了"网红元年"；2018 年，网红经济达到顶峰。可是，截至 2019 年 3 月，中国视频分享服务的每月活跃用户数虽然达到 8 亿人，但增长速度开始下降，可以认为该行业已经开始走下坡路。与此同时，中国互联网用户数也达到饱和，今后用户数很难继续增加，广告行业本身也在迅速降温。

这一时期，最值得注意的就是"下沉"概念。下沉是近几年中国商业界新出现的词语，**指产品和品牌开发目标用户层之下的用户层和地区，以拓展事业**。从 2019 年下半年开始，中国国内开始出现"互联网红利"消失的议论，各个大型 IT 企业都重新设置自己的用户层，开始向地方拓展事业，阿里巴巴和腾讯等企业也纷纷提出地方事业战略。在广告行业整体降温和用户数量增加速度放缓的大背景下，视频服务领域的**地方用户和中高龄用户**反倒增速提高。而成功吸引到这些用户，在互联网红利消失的大环境中依旧活跃于下沉市场的平台，正是快手。

目前，快手平台上人气最高的账号，也就是所谓的"网红"，都是日常生活中随处可见的普通人。快手重视普通人的态度赢得了地方用户的心，使他们纷纷成为忠实用户。快手的创始人宿华也表示："快手平台的目标是帮助人们通过短视频加深彼此的交流，因此不需要特别火爆的网红。遍布全社会的人都可以在上面交流，他们自身就成了网红。"

抖音是一个不断推出"网红"和"KOL"（Key Opinion Leader，**关键意见领袖）的平台。** KOL 是各个领域的专家，在关注者看来距离遥远，很难产生亲近感。而网红一旦获得巨大的影响力，其人气就堪比娱乐明星，成了人们憧憬的对象。与之相反，快手注重的是**"KOC"**（**Key Opinion Consumer，关键意见消费者**）。他们会从消费者的角度介绍商品和制作视频，并且重视与关注者的交流。因为他们本身也是处在社会中的"消费者"，所以才更理解消费者自身的需求，并对商品提出诉求。其结果就是，**KOC** 渐渐获得了影响力，成为快手在下沉市场活跃的重要支柱。

抖音和快手同为视频社交平台，两者却分别开拓了一线城市青年与地方农村人群作为自己的用户。可是到了 2020 年，两家公司开始进入彼此的市场，展开互联网红利后期的用户争夺战。抖音在面向年轻人的精美内容之外，也开始重视"土味文化"，不断招募在快手上扎根的网红。快手也开始招募在抖音上拥有众多年轻用户粉丝的网红进驻平台，两者在群雄割据的视频服务市场中寸步不让。这一竞争的背景，是互联网红利带来的巨额经济效益，以及时代正在从基于文本的信息获取转向基于视频的信息获取。

在视频服务已经十分发达的中国，今后视频内容将会进一步普及，可以预见新闻网站及基于文字的服务将逐渐迎来视频新潮流。目前，中国广告界虽然表现出市场缩小的趋势，但是其规模依旧庞大。今后，日本也将跟随中国的脚步，从文字逐渐转向视频，应该能够从视频大国中国借鉴到许多经验。

2003

2003 年，笔者在北京天坛公园的一张照片。

2003 年，驴车穿梭在京城内。

2003年的王府井一带。美食摊位前人来人往。

2018 年的天安门外，晴空万里。

2018

2019

2019年，河北省雄安新区内的百度阿波罗自动驾驶无人车。

2013

2019 年，拍摄于清华科技园大厦。

我爱你清华

campus impression

5周岁生日快乐

恋人坡 永辉煎饼 新民路的乌鸦
荷清路走到的汽车
蓝旗营大街的银杏树♡
见与我抹不到的大科林 自清亭 宇宙中心五道口
熙春园
景点的小桥 万人食堂蛋包饭
老馆闭架库

2017年，笔者本科毕业时在清华园内拍摄的毕业纪念照。

2019年，笔者硕士毕业时在毕业典礼中拍的毕业纪念照。

2019

大型社交平台打造的 App 大国——享受生活，尽在 App

如上文所述，2007 年，搭载了 OS X iPhone 的第一代苹果手机上市；2008 年，安卓诞生，时代开始向智能手机转移。在从 1995 年持续到 2001 年前后的互联网泡沫时代，中国互联网用户逐渐增加，到北京奥运会举办的 2008 年，中国互联网用户已经达到了 2.9 亿人。然而，这一时期使用互联网的人多数是国内富裕阶层及企业和研究机构，互联网还远远没有普及。

可是，到了最近十年，随着中国经济的快速发展，互联网用户也不断增加。现在，全国互联网用户已经达到 8.29 亿人，中国成了世界上最大的互联网大国。中国成为世界上最大互联网大国的原因之一，是智能手机时代到来之时，中国在个人电脑领域的发展没有欧美各国那样成熟。其结果就是，智能手机迅速在大多数不持有个人电脑的人群中普及。到 2010 年前后，随着智能手机的普及，各种各样的 App 纷纷登场，短短几年就构筑起了 App 的用户基础。这一年，囊括了"吃喝玩乐"相关服务的美团成立；2011 年，腾讯开展微信业务。上文提到的快手也成立于 2011 年，而开发了抖音的字节跳动则成立于 2012 年。

仅仅十年前，人们点外卖还要亲自到店，购物都需要现金支付，打出租车时只能站在路边等待空车，时常烦恼从车站到目的地应该乘坐公交车还是徒步前往。在不到十年的时间里，这一切都通过智能手机的 App 得到了解决。想点外卖，只需打开饿了么和美团比较价格然后下单。网上购物可以使用淘宝，线下购物可以使用支付宝和微信支付等电子支付手段。需要短距离移动，可以使用美团单车、哈啰单车和小蓝单车。如果距离稍远，还可以使用"小蜜单车"（mebike）旗下的共享电动车，轻松解决出行问题。这里介绍的都只是中国 App 的冰山一角。接下来，本书将结合实例来介绍在中国一天的生活中实际上会如何使用各种 App。

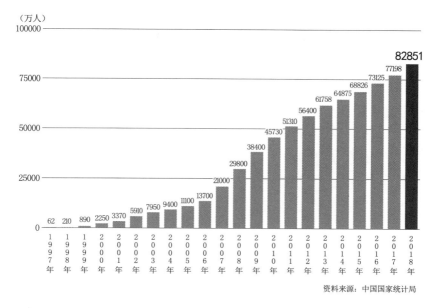

图3-8 互联网用户数

从起床到就寝，App 环绕的生活

起床后，不只是年轻人，几乎所有人首先打开的 App 就是微信。微信每月活跃用户数始终保持在 10 亿人以上，一直处在中国 App 排行榜顶端，其用户年龄层分布十分广泛。另外，同属腾讯旗下的 QQ 也高居第二位，依旧拥有超高人气。微信和 QQ 的每月活跃用户数合计可达 16 亿人。

微信作为一款超级 App，其用户可以通过新闻和上文提到的公众号，在早晨起床后查看信息。除此之外，字节跳动开发的新闻 App "今日头条" 和腾讯单独开发的 "腾讯新闻" 也拥有大量用户。若是想要获取最新潮流信息的年轻人，最推荐使用 "微博"。那里集中了中国最新的热点、八卦新闻和社会事件，使用方法与日本推特相似，但它还具有迷你博客的功能，可以通过定期为微博上的名人打榜来提高他们的知名度。这个打榜功能现在已经成为微博的一个重要组成部分，年轻人可以轻松 "追星"，为自己喜欢的网红和偶像贡献人气。

在上班或上学前，日本人一般会打开 iPhone 自带的天气 App，查看今日的气温和天气。但是在中国，人们常用 "墨迹天气"。与其他天气 App 相比，墨迹天气是一款综合天气 App，不仅可以查看气温和天气，还能查看人们极为关心的空气质量，并得到 App 根据现在气温推荐的穿衣搭配。这款 App 还附带"墨迹资讯"这一新闻功能，查看天气的同时也能关注最近新闻（主要是娱乐新闻）。在北京，夏天气温超过 30 摄氏度，冬天气温可达零下 10 摄氏度，春秋极为短暂，且夏天常有暴风雨，对生活在这里的人来说，这是一款很实用的 App。

上班或上学时使用的交通 App 种类之丰富堪称世界一绝。BAT 三大企业都开发了自己的地图 App，形成了百度的"百度地图"、阿里巴巴的"高德地图"与腾讯的"腾讯地图"互相竞争的模式。目前百度地图略胜于高德地图，腾讯地图排名第三。另外，在中国最不可或缺的还有共享单车和叫车服务。解决了最后一千米交通手段的共享单车经过蜿蜒曲折的发展，目前市场上主要是美团旗下的美团单车（旧摩拜单车）、滴滴旗下的青桔单车，以及阿里巴巴投资的哈啰单车三足鼎立。自从芝麻信用分数可免押金后，利用押金维持运营和仅靠共享单车使用费创造收益的模式走向困境，导致商业模式崩溃。但是现在，各大单车通过提高使用费实现了赢利。大约一年前，随着 ofo 单车和摩拜单车的陨落，曾经共享单车林立街头的光景一度几乎消失。但是这半年来，随着上述三家的活跃，共享单车重新恢复了生机。

　　另外，在网约车服务领域，小程序滴滴出行除了普通叫车，还提供代驾、租车以及上文提到的青桔单车等相关服务。当然，中国主要城市的公交和地铁等基础设施完善，共享单车和叫车服务只是辅助性的交通服务。尽管如此，还是会有许多人使用这些服务。

　　上班或上学途中如果需要娱乐，可以用到腾讯视频、爱奇艺、优酷土豆、哔哩哔哩等视频 App，另外还有抖音、快手等视频社交 App，以及 QQ 音乐、网易云音乐等音乐 App。我的直观感受是，中国的公共交通工具上，每两三个人就有一个人在用手机观看视频，可见人们对视频的热爱。视频内容有综艺、电影、短视频等多个种类，因为竞争激烈，这些内容的质量十分精良。

　　到达单位或学校后，人们会打开电脑版微信，与同事、合作对象、教授等取得联系。如上文所述，中国的工作交流多采用微信方式，学生在大学与教授交流时，也使用微信多于电子邮件。

　　中午饭时间，很多人会打开上文提到的饿了么或美团 App。有的人在食堂吃饭，有的人在附近餐馆就餐，但是随着外卖服务的普及，很多人中午都会选择点外卖。我实习的公司以项目组为单位订购外卖，每天午休前秘书来到办公室记录订单，统一在上述外卖平台点餐。订餐完毕后，每个人都使用项目组的微信群收款功能，通过微信各自支付午餐费用。

下午想来点水果点心时，外卖 App 再度登场。有的人喜欢用饿了么叫奶茶，用美团点水果，有的人则会比较两边的价格，配合优惠券下单。

如果有人想喝咖啡，就会打开一度在中国十分流行的"瑞幸咖啡"或星巴克 App 点咖啡外卖。最短只要 15 分钟，就能喝到自己喜欢的咖啡。如果既不要奶茶也不要咖啡，还想在没有入驻上述 App 的商店买东西，则可以使用美团的"跑腿代购"功能。只要支付略高一些的配送费，就能买到指定商店的指定商品。

回到家中，中国人的生活依旧被 App 环绕。晚饭可以在美团旗下的大众点评 App 挑选喜欢的餐厅，甚至在上面完成预约和排队，并且选用优惠券完成支付。如果想网购，可以根据自己要购买的东西打开不同的 App：想买家电产品或希望明天就送达，可以选择物流发达的京东；如果对质量没什么要求，只想买价格优惠的日常用品，可以打开廉价团购 App 拼多多；若是想买正规品牌商品，就去天猫看看吧。

我生活中必不可少的 App 有专门从事运动鞋销售的"毒"和

"Nice"等。这些 App 可以鉴定小众运动鞋的真伪，用户可以确认正品后再购买，此类 App 在运动鞋爱好者中极受欢迎。除此之外，还有进入无人便利店"便利蜂"时用于扫描商品条形码和结算的 App，以及男性用户较多的社区 App"虎扑"，很多人在上面讨论篮球、汽车、运动鞋等"直男"爱好。

　　准备运动时，可以打开"Keep"或"咕咚"等运动 App。若是身体不舒服，还可以通过"平安好医生"或"丁香医生"等 App 在线问诊，然后用"叮当快药"药品外卖 App 下单购买。连美容都不能少了 App，如世界上最大的美容整形平台"新氧美容"在女性中间就很受欢迎。用户在上面不仅能获得美容知识，还能看到接受了美容整形的女性以博客的形式每天更新术后情况。

　　当然，回家后的娱乐也少不了 App。想 K 歌就用"全民 K 歌"或者"唱吧"，在手机上享受卡拉 OK 的乐趣。在游戏盛行的中国，还有"虎牙直播"和"斗鱼直播"等众多 App 提供游戏直播服务。除了娱乐之外，学习和金融等领域也有很多值得使用的 App。比如，中国极为发达的在线教育，以及专门用于残疾、疾病等募捐活动，同时兼营保险服务的"轻松筹"和"水滴筹"。中国有多种多样的 App，绝不辜负 App 大国之名。

有人说，古代中国的四大发明是造纸术、印刷术、火药和指南针，而现代中国的四大发明则是**高铁、二维码支付、共享单车和电子商务**。后几种发明都与 App 有着千丝万缕的联系。从这个意义上说，**中国最大的发明，难道不是 App** 吗？

表3-1　App排名

顺序	App名称	类型	每月活跃用户数（万）
第 1 位	微信	社交	103833
第 2 位	QQ	社交	66563
第 3 位	支付宝	支付	58223
第 4 位	搜狗输入法	输入法	50334
第 5 位	百度输入法	输入法	50244
第 6 位	抖音	视频	50217
第 7 位	腾讯视频	视频	43956
第 8 位	优酷	视频	41835
第 9 位	淘宝	电商	41559
第 10 位	快手	视频	38988
第 11 位	百度	搜索引擎	38912
第 12 位	高德地图	地图	38003
第 13 位	爱奇艺视频	视频	37184
第 14 位	新浪微博	社交	33010
第 15 位	QQ音乐	音乐	31644
第 16 位	百度地图	地图	31550
第 17 位	360手机卫士	安全	27918
第 18 位	酷狗音乐	音乐	26799
第 19 位	WiFi万能钥匙	WiFi	25507
第 20 位	腾讯新闻	新闻	25031
第 21 位	UC浏览器	浏览器	25008
第 22 位	今日头条	新闻	21926
第 23 位	QQ浏览器	浏览器	21394
第 24 位	腾讯手机管家	安全	20906
第 25 位	拼多多	电商	20841
第 26 位	京东	电商	17970
第 27 位	VIVO应用商店	应用商店	16561
第 28 位	小米应用商店	应用商店	13557
第 29 位	美团	生活	13169
第 30 位	大众点评	生活	12847

资料来源：艾媒北极星

第 4 章　中国教育与"海龟"

"高考"的考验

中国高中升大学的考试名为"普通高等学校招生全国统一考试"，俗称"高考"。这场考试为期两天，2019 年度的高考在 6 月 7 日和 8 日举行。这一年的高考创下了史上参加人数最多的纪录，考生人数达到 1031 万人。① 在一向重视学历的中国，高考的结果可能决定自己和家人的一生。**尤其对贫困地区和农村地区的学生来说，这是一辈子最大的考验。**高考开始于 1952 年，但因 1966 年到 1977 年的"文

---

① 近几年高考人数不断刷新，2021 年高考人数达 1078 万。——译者注

化大革命"一度中断，直到 1977 年 10 月 21 日，在邓小平的号召下，高考恢复实行。

高考刚恢复时，考试分为"文史类科目"和"理工类科目"。文史类科目包括政治、语文、数学、历史、地理，理工类科目包括政治、语文、数学、物理、化学。1981 年，两个科目都增加了英语，理工类科目另外增加了生物，形成"文 6 理 7"的高考科目形式，一直持续到 1994 年。

1983 年，英语科目改为外语科目，考生可以从英语、俄语、日语、德语、法语、西班牙语中选择一门接受考试。同年，中国教育部开始实施"定向招生，定向分配"制度，这一制度主要为了分配大学生到偏远农村、铁矿、油田等生活和工作环境较差的地区工作，报名者可以获得加 20 分的优待。

1984 年，教育部开始在部分地区试验"保送"制度，并决定到 1988 年为止，在 52 所大学实行保送制度。保送的选拔条件有 8 个：①保送对象必须是省级优秀学生；②"全国中学生学科奥林匹克竞赛"全国三等奖以上获得者（2011 年以后，只有被选为中国代表选手的学生可以得到保送资格）；③"全国中学生学科奥林匹格竞赛"省级比赛一等奖获得者（2011 年以后取消）；④"全国青少年科技创新大赛"等比赛的一、二等奖获得者（2011 年以后取消）；⑤国际科学与工程大奖赛（ISEF）获奖者（2011 年以后取消）；⑥中国教育部指定的外国语高中毕业的优秀学生；⑦国家体育总局规定的全国排名前三、亚洲排名前六、世界排名前八，或是拥有球类和田径类"运动健将"、中国武术"武英级"、其他类目"国际级运动健将"称号的运动员；⑧中国公安部、教育部规定的"公安英烈子女"等。2011 年以后，为了防止滥用保送资格，多数保送资格的条件被取消，剩余的条件也提高了审查标准。除保送以外，教育部还实施了"高考加分政策"，学生高考时只要满足上述政策的标准（少数民族或未满足保送标准的奥林匹克竞赛获奖者、运动员等），就能在高考中获得 10 分到 20 分的加分。

另外还有一个类似"定向招生，定向分配"的制度，那就是"国防生"制度。这是在大学等高等教育机构培养中国人民解放军和中国人民武装警察预备军官的制度，因此"国防生"拥有大学生和预备军官的双重身份，与其他大学生一起听课，另外还要在大学接受军事理论教育和军事训练。

2013 年我进入清华大学时，同系有四个"国防生"跟其他学生一起上课。"国防生"能够进入顶尖大学，而且在校期间可以领取

"国防奖学金",毕业后能够成为军官,因此很多地方出身的学生都会积极应征。但是,这个制度已经在 2017 年被取消,改为部队直接从地方大学选拔毕业生为军官。

1994 年,高考制度进行了重大改革。文科、理科都要考语文、数学、英语三门主科,除此之外,文科要考历史和政治,理科要考物理和化学,这就是所谓的"3+2"考试制度。但是,这一考试制度导致许多学生显著缺乏地理和生物知识,于是在 1999 年改为了"3+X"制度,也就是在语数英三门基础科目考试之外,考生还要从思想政治、历史、地理、物理、化学、生物六个科目中选择一门 X 科。实际上,这些科目又分为文科综合(思想政治、历史、地理)及理科综合(物理、化学、生物),形成了"3+文综或理综"的形式。

2003 年,中国教育部在 22 所大学实施"自主招生"制度,每所大学可以单独组织笔试和面试。针对入学考试成绩优秀的学生,大学可以给予分数线下调十分到数十分的优待。后文将会介绍到的清华大学和北京大学等顶尖大学中,仅靠高考入学的学生较少,大多数学生利用"自主招生"获得了录取。

2015 年被称为"高考改革元年",出现了高考史上最大的改革。2014 年 9 月,中国国务院实施了关于高考制度改革的政策,统一各省高考，并规定"高中学业水平考试"的14个基础科目，令考生必须从语数英以外的六个科目（上文提到的文综、理综科目）中选择三个科目接受考试，并将考试结果登记为高考成绩。此举一改高考是唯一升学判断标准的制度，形成了高考、"高中学业水平考试"、面试及在读表现的多重审查制度。这一改革保证学生教育不会文理分化，而且"高中学业水平考试"并不采用统一考试的成绩，而可以登记高中三年期间获得的最高成绩，这大幅减轻了学生的负担。另外，学生每年还可以参加数次外语考试，再也无须承受"一战定胜负"的压力。

从2001年到2004年，中国虽然在全国范围内开展了高考，但是各省实施独立考试，内容和科目分数都存在差异。这是因为中国独特的高考情况：每个地区的招生数量有限，人口多的省、自治区、直辖市高考竞争最激烈，北京、上海、天津等直辖市和新疆维吾尔自治区、西藏自治区、青海省等地方的分数线都被调低。其理由在于，直辖市的大学等高等教育机构较多，而新疆维吾尔自治区等上述地方多处在贫困地区，教育水平相对其他省份较低，因此得到了特殊待遇。

2020年，多省将使用统一高考试卷，导入"高中学业水平考试"，使高考不再是入学审查的唯一标准，转而重视学生的综合素质。

表4-1　高考难度排行

简单	北京市、天津市、上海市、宁夏回族自治区、新疆维吾尔自治区、西藏自治区、青海省
普通	重庆市、黑龙江省、吉林省、辽宁省、陕西省、山西省、云南省、贵州省、福建省、甘肃省、内蒙古自治区、广西壮族自治区
难	四川省、湖南省、浙江省、江西省、广东省
很难	湖北省、安徽省
特别难	河北省、山东省
极度难	河南省、江苏省

然而，也有不少家庭很不看好 2020 年全面实施的高考改革。因为这一改革在高考这一客观评价体系之外，又导入了主观评价体系，因此对学生有了更高的要求，这有可能给学生和家庭都带来更重的负担。此外，目前各省的高考难易程度问题还没有解决，若另外加入综合评价，可能会引起课外活动、补习班等更激烈的教育资源争夺。这一担忧的背景是中国的户籍制度和贫富差距所引起的教育资源不平等现象。

对中国的学生来说，高考是决定一生的"战斗"。他们的最大目标就是进入被列为"211 工程"、"985 工程"和"双一流"的名门大学，以期改变自己的人生。2020 年，中国全面实施高考史上最大的改革，人们将会继续关注这个可谓全世界最激烈的高考今后还会发生什么样的变革，又会给中国青年带来怎样的影响。

中国青年志愿中的"985""211""双一流"是什么?

　　所谓"211 工程",是 1995 年 11 月启动的国家教育项目,目的在于面向即将到来的 21 世纪,挑选 100 所左右的大学进行重点发展。在 21 世纪到来前,百余所大学和国家制定的重点学科将会进一步完善教育质量,提高研究水平,加强大学管理,解决经济建设和社会发展面临的重大问题,培养建设国家的重要人才。被选入"211 工程"的大学可以得到中央政府、地方政府和大学管辖部门(中国大学几乎都是国立或公立大学,由中央政府部门或地方政府管辖。例如,清华大学就是中国教育部直属大学,同样被选入"211 工程"的北京体育大学则由国家体育总局管辖,海南大学由海南省管辖)划拨的财政支持款项。政府部门和地方政府的支持款项优先用于国家重点学科设立和学科经营、大学基础设施建设等方面,中央政府的支持款项则成为其"补助金"。除了丰厚的财政支持,"211 工程"大学还在教师聘用、科研经费、大学基础设施建设和招生等各个方面都享有优待。1995 年12 月,北京大学、清华大学等 15 所大学首先入选"211 工程",目前共有 112 所大学入选该工程。

　　"985 工程"是 1998 年 5 月制定的国家教育项目，旨在建设世界一流大学。1998 年 5 月 4 日，时任国家主席江泽民在北京大学创建 100 周年大会上发表讲话，提出"为了实现现代化，我国要有若干所具有世界先进水平的一流大学"，这就是"985 工程"的开端。这一工程的目标是培养世界一流大学和世界知名的高水平研究型大学，承接了"科教兴国""人才强国"的国家战略理念，计划在 2020 年达成上述目标。与"211 工程"一样，入选"985 工程"的大学可以得到政府部门的丰厚财政支持，以及比"211 工程"更好的政策优待。"985 工程"大学从"211 工程"大学中选拔，目前共有 39 所大学入选。

　　"双一流"是"建设世界一流大学和一流学科"的简称。它是继"211 工程"和"985 工程"之后制定的国家教育政策。该政策制定于 2017 年 9 月，目的在于在上述国家教育项目的基础上继续建设世界一流大学与世界一流学科，每五年更新一次，促进大学之间与学科之间的竞争，提高大学教育水平。该教育政策下的"双一流"建设高校分为世界一流大学建设高校（A 类、B 类）和世界一流学科建设高校，"双一流建设学科"则是这些大学的特色及重点学科。"双一流"建设高校目前有 36 所 A 类大学和 6 所 B 类大学，还有 95 所世界一流学科建设高校，其中 465 个学科入选"双一流"建设学科。

在这些国家教育项目中，最为引人注目的就是位于首都北京的中国顶尖大学——清华大学和北京大学。

中国双雄——"清北"

　　北京大学创建于 1898 年，是中国近代第一所国立综合大学，在"戊戌变法"（"百日维新"）时期，梁启超向清光绪帝上奏《奏拟京师大学堂章程》，北京大学的前身"京师大学堂"得以创办。1912 年，"京师大学堂"改名"国立北京大学"，后来又改为"京师大学校""中华大学""北平大学"。1937 年卢沟桥事变之后，与当时的国立清华大学和天津南开大学一道，合并为湖南省长沙市的"国立长沙临时大学"。1938 年，"国立长沙临时大学"被战火波及，被迫转移云南省昆明市，更名为"国立西南联合大学"。当时教学和实验设施严重不足，资金也捉襟见肘，但作为当时中国国内规模最大的高等教育机构，"国立西南联合大学"还是培养了众多人才，包括后来获得诺贝尔物理学奖的杨振宁和李政道（两人共同获得诺贝尔物理学奖时已经取得美国国籍，以美国国民身份获奖。杨振宁于 2017 年放弃美国国籍，改回中国国籍）。

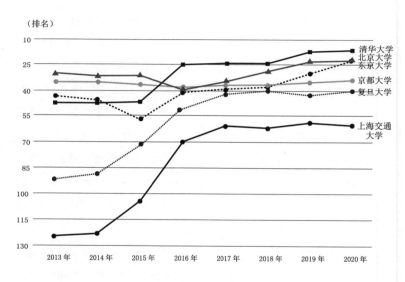

（排名）

图 4-1　QS 世界大学排名变化 *

---

* 原书数据有误，已订正。——译者注

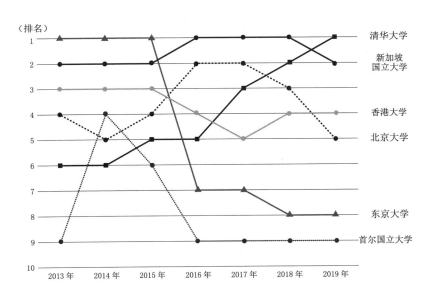

图4-2　泰晤士高等教育亚洲大学排名变化

表4-2 中国内地大学各类排名

毕业生捐赠排名（2018）		
排名	大学名称	捐赠总额（亿元）
第1位	清华大学	26.54
第2位	北京大学	22.99
第3位	中国人民大学	21.57
第4位	武汉大学	18.26
第5位	浙江大学	16.40

市长母校大学排名（2018）		
排名	大学名称	毕业人数（人）
第1位	北京大学	68
第2位	清华大学	67
第3位	中国人民大学	45
第4位	华中科技大学	41
第5位	四川大学	38

企业家母校大学排名（2018）		
排名	大学名称	毕业人数（人）
第1位	北京大学	160
第2位	清华大学	158
第3位	浙江大学	104
第4位	复旦大学	72
第5位	中国人民大学	51

杰出政治家母校大学排名（2018）		
排名	大学名称	毕业人数（人）
第1位	清华大学	86
第2位	北京大学	83
第3位	中国人民大学	82
第4位	吉林大学	58
第5位	复旦大学	29

资料来源：中国校友会

"二战"后，"国立西南联合大学"解散，北京大学、清华大学等大学返回原址，作为中国最顶尖的大学领导中国高等教育的发展。北京大学培养了中国内地第一位科学类诺贝尔奖获得者屠呦呦、现任中国国务院总理李克强、百度创始人兼 CEO 李彦宏等众多科学家、政治家和企业家，在 2020 年 QS 世界大学排名中居第 22 位。

清华大学成立于 1911 年，是一所号称"工程师摇篮"的综合性大学。与上文提到的北京大学一样，清华大学也经历过"国立长沙临时大学"和"国立西南联合大学"等历史。义和团运动之后，清政府与美国等国签订《辛丑条约》，向各国支付巨额赔款。美国以退还部分赔款为条件，要求清政府成立"留美预备学校"，清政府同意，并于 1911 年在皇家庭园"清华园"开办了"清华学堂"。

1952 年，中国模仿苏联大学系统，实施"高等院校院系调整"，清华大学的文、理、法三院被转移到北京大学，北京大学工学院则转移到清华大学。这次院系调整之后，北京大学成为"文理综合大学"，清华大学成为"工科单科大学"，但是随着 1984 年经济管理学院的设立，清华大学也开始成为综合性大学。目前，清华大学内部设有经济管理学院、法学院、人文学院、新闻与传播学院等众多文科院系。

清华大学与北京大学一样，培养了众多科学家、政治家和企业家，如现任中国国家主席习近平、前任国家主席胡锦涛、美团创始人兼 CEO 王兴等。**在 2020 年 QS 世界大学排名中，清华大学排名第 16 位。在 US News 大学排名中，它以理工科大学的身份超越麻省理工学院，荣登世界第一位。**除北京大学和清华大学之外，还有复旦大学和上海交通大学两所名校，合称"清北复交"。这四所中国顶尖大学目前已是世界大学排行榜高位的常客。

综上所述，进入"211 工程"、"985 工程"及"双一流"大学的学生既可以确保将来有好的发展，也可以受到上述国家教育政策的优待。国家教育项目的领头者清华大学和北京大学得到了高达 50 亿元的国家预算，加上科研经费和教育事业收入，2019 年清华大学的预算达到 269 亿元，北京大学则有 125 亿元。这些大学以丰厚的资金和国家资源为基础，积极邀请外国知名专家和研究人员前来召开讲座。例如，目前清华大学就邀请了诺贝尔物理学奖获得者杨振宁教授、图灵奖获得者姚期智教授等众多著名学者。此外，清华大学有另类资产管理公司黑石集团的 CEO 史蒂芬·施瓦茨曼（苏世民）用私人资产在清华大学投资设立的"苏世民书院"，北京大学有"燕京学堂"，这些都是国际化色彩浓重的研究生院，由美国哈佛大学、耶鲁大学、斯坦福大学与中国著名教授执教。

毕业于"清北复交"的很多学生都会进入中国顶尖企业和政府机构工作。2018年四所大学的就业方向调查结果显示，四所大学的第一就业单位都是华为，毕业生多为硕士或博士学位获得者。受到上文所述的就业困难影响，学生若想进入顶尖企业或政府机构工作，往往需要取得硕士或博士学位。

从这些例子可以看出，入选国家教育项目的大学可以得到优待政策，其学生也能直接享受到优待。然而，想进入"211工程"、"985工程"或"双一流"大学并非易事。清华大学和北京大学每年招收3000~3500名学生，2018年数据显示，参加高考的人数为975万人，因此上述两所大学的升学率为0.03%左右。此外，上文介绍高考时已经提到，清华大学与北京大学的学生多为"自主招生"和"保送"入学。以清华大学为例，本科的入学考试方法多达13种，除了普通高考、"自主招生"和"保送"，大学还有独立的入学考试制度，许多学生通过"高考+α"的方式入学。

表4-3　就业单位排名

	排名	就业单位	本科（人）	硕士（人）	博士（人）	合计（人）
清华大学	第1位	华为	2	134	31	167
	第2位	腾讯	9	49	16	74
	第3位	国家电网	0	26	27	53
	第4位	网易	6	33	1	41
	第5位	中国共产党福建省委员会组织部	0	8	30	38
	第6位	阿里巴巴	0	27	11	38
	第7位	中国共产党天津市委员会组织部	3	28	2	33
	第8位	中国中信集团	0	27	6	33
	第9位	中国科学院	0	17	13	30
	第10位	中国建筑	7	15	7	29

	排名	就业单位	本科（人）	硕士（人）	博士（人）	合计（人）
上海交通大学	第1位	华为	22	158	31	211
	第2位	上海汽车集团	19	125	13	157
	第3位	腾讯	2	58	2	62
	第4位	招商银行	6	55	1	62
	第5位	上海交通大学	2	38	18	58
	第6位	中兴	1	55	2	58
	第7位	杭州埃米网络科技	17	40	0	57
	第8位	国家电网	12	38	5	55
	第9位	上海依图网络科技	12	38	1	51
	第10位	互诚信息技术	1	38	1	40

（续表）

	排名	就业单位	合计（人）		顺序	就业单位	合计（人）
北京大学	第1位	华为	104	复旦大学	第1位	华为	101
	第2位	腾讯	56		第2位	安永	32
	第3位	中国工商银行	41		第3位	复旦大学	31
	第4位	北京大学	41		第4位	腾讯	29
	第5位	中国银行	29		第5位	中国工商银行	28
	第6位	国家开发银行	29		第6位	中国平安保险	27
	第7位	中信建投证券	28		第7位	中兴	24
	第8位	中国农业银行	25		第8位	普华永道	23
	第9位	网易	22		第9位	招商银行	20
	第10位	深圳证券交易所	19		第10位	上海汽车集团	18

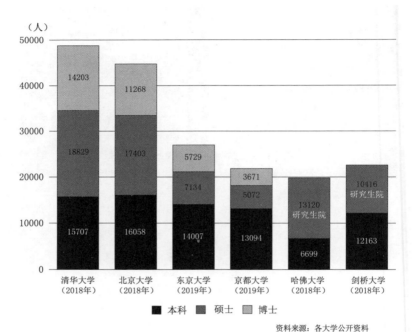

图4-3 各大学在校生一览

表4-4 清华大学的入学考试方法

①高考	通过高考入学
②保送	五大学科奥赛的成绩优秀者，或者外国语高中的优秀毕业生可获得推荐入学
③自主招生	大学的选拔考试
④自强计划	根据学生的经济情况、进取精神、高中成绩等评估
⑤综合评价	对高中全阶段进行评估选拔
⑥领军人才选拔	对高中全阶段进行评估选拔，并且原则上成绩需要在年级前5%
⑦文体特长生	大学运动代表队、艺术团推荐入学
⑧定向生	以毕业后进入地方政府等工作为前提入学
⑨飞行学员	飞行员培育
⑩贫困专项	农村及地方贫困地区等实施的入学政策
⑪艺术类（美术学院）	美术学院入学考试
⑫港澳台侨学生	香港、澳门、台湾、华侨入学考试
⑬国际学生	留学生入学考试

表4-5　北京大学的入学考试方法

高考招生类	①高考招生	通过高考入学
	②提前批非通用语种	非通用语言（除中国语言学、英语之外）专业学生的入学考试
	③国家专项计划	农村及地方贫困地区等实施的入学政策
	④民考汉	针对新疆少数民族学生攻读中国语言学专业的入学考试
	⑤北京大学	西藏班、新疆班优秀毕业生
特殊类	①高水平运动队	运动代表队推荐入学
	②高水平艺术团	艺术团推荐入学
自主选拔类	①自主招生	大学的选拔考试
	②博雅人才培养计划	对高中全阶段进行评估选拔
	③筑梦计划	针对地方贫困地区、少数民族地区等学生的选拔
	④浙江"三位一体"综合评估、上海"博雅计划"招生	在高考改革地区通过综合评估选拔
	⑤数学英才班	为数学优秀人才专设的班级
保送类	①竞赛类保送生	奥赛成绩优秀者推荐入学
	②外语类保送生	外国语高中优秀毕业生推荐入学
境外招生类	①留学生招生	留学生入学考试
	②港澳台侨招生	香港、澳门、台湾、华侨入学考试
国防定向类	①邓稼先实验班	物理工学、核物理学研究班
	②双学籍飞行学员班	飞行员培育

天津市为"211 工程"及"985 工程"的大学升学率最高的地区，分别是 12.68%和 5.81%。江苏和河南两省的"211 工程"升学率为 5.19%和 4.15%，"985 工程"的升学率都为 1.41%。北京、上海、天津等直辖市受到政策优待，升学率较其他省、自治区及直辖市更高。在江苏省和河南省，考上一流大学可谓难于登天。基于这样的背景，中国学生从初中开始就要为"高考"这场战争做准备，在"中考"（初中学业水平考试）阶段就要考取超一流高中，从此投身于火热的竞争。其中一些高中可谓大放异彩，如首都北京的中国人民大学附属中学、河北省衡水市的衡水中学、安徽省六安市的毛坦厂中学、广东省深圳市的深圳中学等。

中国顶级高中的教育

北京市——中国人民大学附属中学

中国人民大学附属中学（人大附中）位于首都北京，是中国人民大学的附属高中，培养了许多考上清华北大的学生，可谓中国顶级名门高中。2018 年，该校考上清华北大的学生有 147 人，是同年中国高中之最。人大附中的学生都知道一句话——"少壮不努力，长大去隔壁"，可见这是一所汇集了顶级精英的名门高中（"隔壁"的中国人民大学也是上文提到的"211 工程""985 工程""双一流"名校）。

人大附中在高中阶段就鼓励学生探寻学科兴趣，能够提供 100 多种高水平课程，内容覆盖 AI、编程、中国传统工艺、美术等众多领域，其教学水平几乎能与大学匹敌。

最值得一提的是，人大附中除了拥有中国最高的清华北大升学率，还培养许多精英学生考上了国外名门大学。2018 年，人大附中的学生获得了英美名门大学 842 个录取通知，包括美国哈佛大学、芝加哥大学、耶鲁大学，以及英国剑桥大学、牛津大学等世界顶尖大学。

河北省衡水市——衡水中学

衡水中学也是名校中大放异彩的一所。2018 年，该学校共有 99 人考上清华大学和北京大学，成为继中国人民大学附属中学、上海中学、华东师范大学第二附属中学等各直辖市的高中之后考取清北人数最多的学校，也是地方学校之冠。衡水中学培养出大量清北高才生的秘诀在于其学生管理体制。衡水中学的学生**每天清晨 5 点 30 分起床，一直学习到晚上 22 点 10 分**。即使在午餐和晚餐时间，学生们也会一手拿着单词本，边吃饭边记单词，甚至一星期只有一次洗澡时间，几乎一整天都扑在学习上。有了这样的军事化管理，衡水中学的升学率常常位居全国榜首，但在中国也有赞成与反对的两种声音。

安徽省六安市——毛坦厂中学

毛坦厂中学与衡水中学一样，以其军事化管理方式扬名，学生每天要从早上 6 点学习到深夜 11 点 30 分。但是，毛坦厂中学与上述清北录取者众多的高中不同，是一所专注于"考大学"的高中，因此也被称为"亚洲最大的高考工厂"。2018 年，毛坦厂中学参加高考的

表4-6　衡水中学一天日程

时间	内容	时间	内容	
5:30	起床	13:45	起床	
5:45	早操	14:05～14:45	第六节课	
6:00～6:30	早读	14:55～15:35	第七节课	
6:30～7:10	早餐	15:35～15:55	眼保健操	
7:10～7:35	预习	15:55～16:35	第八节课	
7:45～8:25	第一节课	16:45～17:25	第九节课	一天的学习时间（9.8个小时）
8:35～9:15	第二节课	17:35～18:15	第十节课	
9:25～10:05	第三节课	18:15～18:50	晚餐	
10:05～10:30	课间操	18:50～19:10	看新闻	
10:30～11:10	第四节课	19:15～20:00	晚自习（1）	
11:20～12:00	第五节课	20:10～20:55	晚自习（2）	
12:00～12:45	午餐	21:05～21:50	晚自习（3）	
12:45～13:45	午休	21:50～22:10	洗漱	

资料来源：根据公开资料制作

表4-7 2019年度深圳中学教师聘用表

清华大学	7人	厦门大学	1人
北京大学	13人	华东师范大学	1人
北京师范大学	1人	香港大学	1人
北京体育大学	2人	香港科技大学	1人
中国科学院大学	2人	伦敦大学学院	1人
中央美术学院	1人		
南开大学	1人	哈佛大学	1人
中山大学	1人	特拉华大学	1人

资料来源：深圳中学官网

学生人数突破 1 万人，大学升学率达到 95.7%，一本大学升学率达到 66% 之高。遗憾的是，2018 年度考上清北的考生只有一人。尽管如此，该学校依旧拥有令人惊叹的一本大学升学率。

广东省深圳市——深圳中学

深圳中学是广东省的传统名校，培养了许多清北学生，从 2010 年到 2018 年，该校共计有 252 名考生考上这两所大学。此外，深圳中学还以"来自中国的世界一流高中"为目标，与人大附中一样，培养了许多考上世界各国知名大学的学生。2017 年，深圳中学达成了考生考上 US News 美国大学排行榜前 30 名所有大学的壮举。"来自中国的世界一流高中"这一目标也影响了深圳中学的教师聘用。根据该中学公布的 2019 年度教师聘用表，新招聘的 35 名教师全部拥有硕士及以上学位，其中 20 人毕业于清华大学和北京大学，另外还有美国哈佛大学、英国伦敦大学学院和香港大学毕业的新教师。

正如深圳中学高举的"世界一流高中"旗号，中国顶级的高中都保持着极高的水平，汇集了世界各地顶级学府毕业的教师，提供高质量的教学。在极为重视学历的中国，每个家庭的目标和梦想都是让孩子读这样的高中，并且从那里出发，达成更高的目标。

可是，面对庞大的人口数量，中国的教学资源和教师数量都很有限，无法让所有学生享受到顶尖水平的教学。尤其是贫困地区和农村地区，其教育水平远远低于北京、上海等大城市，教育资源也受到严重限制。因此，要读名门大学，必须前往大城市和教育资源集中的地区，这自然会加大经济负担。在这样的社会背景下，相关教育培训应运而生，那就是教育科技，也就是所谓的 EdTech。

校园城镇与校园生活

很多学生都特别期待大学生活。经过漫长的备考，即将到来的新生活和大学生这一新身份会让许多学生雀跃不已。一旦成为大学生，就相当于一只脚踏上了社会，要为自己的生活负起更多责任。而且，在高中阶段，学生的生活受到家庭和学校的管理，私人时间有限。一旦进入大学，就可以自己管理时间，行动也更自由。

日本许多大学生在学业之外还会参加社团活动和学生团体等课外活动，以及兼职打工、实习等社会实践活动，大学生活可谓十分充实。另外，虽说是大学生活，但多数学生都会住在父母家，或是在大学附近租房独居，因此，在大学之外度过的时间更多。

很多人可能会以为中国的大学生活也是如此，但实际上，中国的大学生过着与日本大学生截然不同的生活。

首先，中国的大学生几乎都住在校园内，或是设在学校周边的学生宿舍里。当然，每所大学的宿舍规定等不尽相同。例如，清华大学，大一学生会被自动分配宿舍，而且必须办理入住手续。即使学生家住北京，可以在家走读，很多被分到宿舍的学生也会平时住在大

图 4-4　清华大学校内的学生宿舍

学，周末回到家里。每所大学都规定了宿舍门禁和熄灯时间。清华大学虽然没有门禁，但是设有晚上 11 点到早上 6 点的熄灯时间，而期末考试期间，为方便学生复习，会取消熄灯时间。基本上，中国学生每四人住一间宿舍，但每所大学情况不同。地方大学最多可能有八人间，硕士住三人间，博士住双人间，且硕士与博士研究生的主要工作是研究，这些宿舍没有熄灯时间。

全宿舍制的最大好处在于促进学生之间的交流，而且中国学生学习勤奋，在宿舍内进行学术交流还能帮助学业进步。舍友互相切磋，竞争向上，在学业上就能产生良性循环。除学业以外，全宿舍制还为创业和创新提供了助力。上文提到的共享单车创新者 ofo 就是从宿舍诞生的创业公司。与此同时，大学教职员工往往也会住在大学校内，很多教授利用这一方便，直到深夜都在做研究。

从中国学生的住宿情况可以猜到，中国大学的校园已经发展成了一个微型城镇。除学生和教职员工宿舍以外，所有教学和实验设施都集中在校园内部，若没有特殊情况，基本无须离开大学。**清华大学的面积为 392.4 万平方米，足有 84 个东京巨蛋那么大。**这个校园内居住着 5 万名学生和 4000 名教职员工，而且形成了具备附属幼儿园、附属高中、银行、派出所、医院、邮局、工厂、食堂、酒店、博物馆等设施的校园城市。大学校园内设有 17 座食堂，提供多种多样的中餐，每顿饭价格优惠，只需 6 元左右。

想象中国的大学时，应该不会有人以为每个学生都勤奋学习，不怎么参与课外活动。实际上，中国的大学与日本的大学一样，甚至有更丰富的课外活动。每当提到学生团体，很多人可能会联想到社团活动，而中国的大学多数设有学生会，开展着超出学生团体范畴的活动。

以清华大学为例，清华大学整体设有学生会（仅本科生）和研究生会（仅研究生），每个学院还各自设有院学生会和院研究生会。学生会的主要工作不仅包括支持学生的生活和就业，有时还会参与大学教育及设施建设，甚至达到了没有学生会，大学就无法顺利运作的程度。学生会主办的活动也远超学生团体的范畴，如大学演唱会、晚会、户外音乐节等，其规模甚至引来媒体报道。当然，除学生会以外，大学还有各种学生团体，如文化类团体、体育类团体和国际类团体等。

加入学生会不仅可以锻炼能力、举办活动，还能获得名誉。这些学生活动（社会活动）极受重视，在中国的升学和就业，以及考取美国的大学时会成为十分重要的指标。

清华大学还具备了尽情投身兴趣爱好的环境，特别是体育方面，该大学比其他任何综合性大学都积极支持。清华大学的校训是"自强不息，厚德载物"，另外还有"无体育，不清华"的口号。从这些口号就能看出，清华大学极为重视体育，校园内设有 40 多种体育项目的院系比赛。另外，学生的体育意识也很强烈，校园内建有 60 多个篮球场、5 个足球场、3 个综合体育馆，同时还有棒球场、羽毛球场、溜冰场等众多体育设施。此外，大学还会主办校园马拉松、彩色跑、夜跑等活动，并请来国家队选手亲自指导学生从事体育锻炼，积极营造体育氛围，因此清华大学也被戏称为"五道口体育学院"（五道口为清华大学所在地）。

如上文所述，清华大学建立在清朝皇家园林旧址之上，是亚洲唯一入选福布斯杂志"世界最美大学校园排行榜"的学校。校园内融合了现代建筑和历史建筑，深受学生和游客喜爱。近年，清华大学还请瑞士知名设计师马里奥·博塔（Mario Botta）设计了人文社科图书馆和艺术博物馆，学生可以在驰名世界的建筑师所设计的图书馆里学习，在大学博物馆免费看到达·芬奇展、东京富士美术馆作品展等展览。可以说，"文武双全"就是清华大学最重视的学生培养方式。

综上所述，日本的校园生活只是学生生活的一部分，而中国的校园则与学生生活融为一体，校园生活构成了学生的大学生活。

图 4-5　清华大学主办的校园马拉松

图 4-6 清华大学校内湖

"海龟"这一选项

近年来，日本每每提及中国的创新，都会用到一个词语，那就是"海龟"。所谓"海龟"，**主要指前往国外知名大学留学，毕业后回到中国的学生**。留学归国人士原本被称作"海归"，后来因为他们的行动就像海龟洄游，且两者读音相同，就逐渐变成了"海龟"。由于中国国内考试竞争不断激化，许多高中生转而选择出国留学。这些"海龟"在国外大学学习知识、积累经验，最后回到祖国，为中国的创新发展做贡献。

2018年，中国出国留学人数达到66.21万人，占同年高考人数（975万人）的6.8%，远远超过日本的出国留学比例。虽说两国人口有十倍之差，但激烈的考试竞争导致中国学生出国留学的需求大幅提升。上文提到的中国顶级精英高中人大附中就是一个很好的例子。我向人大附中的高中生询问过，学生们只要掌握了英语，就可以选择不参加压力大且竞争激烈的中国高考，而去参加外国大学的考试。如果能拿到外国知名大学的文凭，在中国就业会更轻松，待遇也比国内的大学毕业生更好，因此出国留学并成为"海龟"是最好的道路。

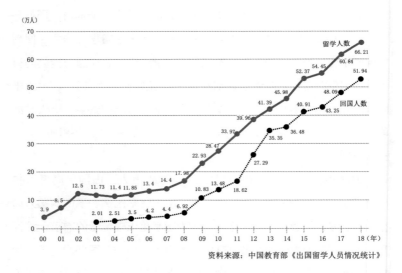

资料来源:中国教育部《出国留学人员情况统计》

图 4-7 中国人的出国留学情况

在这种需求之上，中国经济的腾飞还促使众多中国留学生决定回到祖国，而且 2019 年爆发的中美贸易摩擦和不稳定的世界局势也成了中国人回国的动机之一。

2018 年，约 52 万名留学生回到中国，参与创新工作。20 世纪末，中国"海龟"仅有数万人左右，到 2010 年前后则一举突破 10 万人大关。根据 2003 年以来的统计数据，回到中国的"海龟"已经达到 349.78 万人。中国政府也十分重视回到祖国的留学生，以 1994 年启动的"百人计划"为首，先后实施了"国家杰出青年科学基金"、1998 年的"长江学者奖励计划"、2008 年的"海外高层次人才引进计划"等政策，以国家发展战略为基础，长年吸引外国及"海龟"人才。其中"海外高层次人才引进计划"更有其特殊的实施背景。根据 2009 年的调查，"国家重点项目学科"的高层管理人员有 72% 是"海龟"，而且 81% 的中国科学院院士和 54% 的中国工程院院士也都是"海龟"。这些堪称中国科学技术和创新中枢的顶尖学者大多数都是"海龟"，而且今后中国留学生人数还会不断上升，国家为了确保留用国外顶尖人才，便实施了"海外高层次人才引进计划"。

除学者以外，中国中央政府还联合地方政府，在全国各地开办了

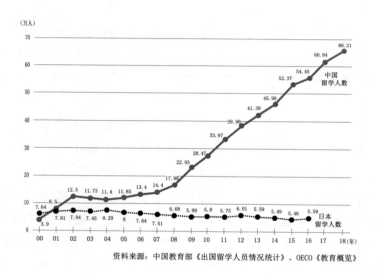

资料来源：中国教育部《出国留学人员情况统计》、OECO《教育概览》

图 4-8　日本人与中国人的出国留学情况

49 个"留学人员创业园",为海归人士提供创业环境,做好了迎接"回国潮"、让海外人才回国创业创新的准备。事实上,如果观察近几年的世界形势,就会发现中国与发达国家的收入差距正在缩小,而且会给海外优秀人才支付丰厚的薪酬。此外,如上文所述,中国正在提供创业创新的环境,在这里可以使用尖端的实验设备和相关设施,因此很多人才都渴望回国。换作十几年前,中国不仅薪资低廉,实验环境也不完备,所以有很多中国人留在国外继续研究。这几年来,宏观环境得到了极大改善,使得"海龟"人数也大幅增加。

到 2020 年,更多中国学生将出国留学,在国外获取尖端的知识和经验,然后作为"海龟"回国。目前,"海外高层次人才引进计划"的青年版"海外高层次人才引进计划青年项目"已经将目标转向"80 后"和"90 后",今后几年内,他们或将成为中国社会的主角。

"海龟"引领的中国创新

近几年，中国经济增长速度虽然放缓，但在创业、人工智能、新一代移动通信技术 5G 的技术开发竞争、中国企业走出国门等方面还是有了显著的发展。在这些领域活跃并引领中国创新的人，正是从海外归国的"海龟"。其中最具代表性的人物就是百度创始人李彦宏。

1968 年 11 月 17 日，李彦宏出生在中国山西省阳泉市。1987 年，他以阳泉市第一名的成绩考取北京大学，选择了信息管理专业。大学三年级时，他定下了前往美国留学的目标，并在 1991 年考上了美国纽约州立大学布法罗分校计算机工程专业的硕士研究生。毕业后，他没有马上回国，而是在松下（Panasonic）实习，同时不断研究。1994 年进入美国《华尔街日报》发行方道琼斯公司工作，成为了一名优秀的信息系统工程师。

1997 年，李彦宏离开华尔街，加入了位于硅谷的大型搜索引擎公司搜信（Infoseek），将自己研究制作的超精准搜索（Extra Search Precision，ESP）技术应用在搜信的搜索引擎上，积累了与搜索引擎有关的技术和经验，成为首席工程师。他虽然在美国成了炙手可热的人才，但李彦宏心中最希望的还是回国。

从李彦宏出国到回国的八年间，中国互联网行业发生了巨大变化，尤其是 1997 年到 1999 年这三年里，网易、腾讯、阿里巴巴，以及中国代表性门户网站经营公司"搜狐"先后创立。

此时已经在美国获得成功的李彦宏看到中国的发展，愈加想回到中国，最终在 1999 年带着"科技改变生活"的理念和在美国风险投资公司筹集的资金，决心回国。回国后，他很快成立了百度公司，仅仅六个月就开发了目前中国最大搜索引擎的雏形。

2005 年，百度在美国纳斯达克上市，成为当时全世界最受瞩目的上市企业之一。现在，百度作为中国最具代表性的企业之一，以 BAT 一员的身份引领中国创新，尤其在 AI、无人驾驶领域掌握了他人难以比拟的技术优势。李彦宏在国外学习了尖端的技术，回国后为中国创新作出了贡献，他的成功故事可谓"海龟"的典范。

另外，中国电商企业拼多多的创始人黄峥也是一名"海龟"。他毕业于中国名门浙江大学，后进入美国威斯康星大学麦迪逊分校学习并获得硕士学位。在美国谷歌公司积累几年经验后，他参与了谷歌中国的成立，离职后连续创办了多家企业。现在"90 后"最爱的社交型电子商务服务商"小红书"的创始人毛文超，以及世界知名的 AI

创业企业"旷视科技"创始人印奇也都是"海龟"，在回国后为中国创新作出了重要贡献。

事实上，我有许多中国朋友也在出国攻读顶级大学后回国，其中有两人格外优秀。他们都在美国顶尖大学毕业后回到了中国，以"海龟"身份重新进入清华大学，其中一人选择了创业，另一人选择了学术的道路。选择创业的朋友在就读清华大学研究生院时，就利用在美国积累的经验和人脉开发了一项服务，并创建了目前拥有数十名员工的新企业。选择学术的朋友同样考上了清华大学研究生院，获得硕士学位后，再度前往美国留学，目前正在美国攻读博士，并准备毕业后回国。

两人都是中国人，同时熟知国外情况，都希望利用自己在国外积累的经验为中国的发展作贡献。他们之所以选择回国攻读硕士，都是为了亲眼见证中国的发展，留作今后成长的底气。他们虽然选择了不同的道路，但最终目标都是回国。听了他们的故事，我不禁有些羡慕"海龟"。

国外媒体时常报道，随着经济增长放缓，渴望一夜暴富的想法不再现实，今后将会有更多中国学生到国外寻找就业机会。的确，中国国内面临着史上最大的就业困难，很多学生可能希望到国外工作。然而，美国商业社交平台"领英"（LinkedIn）2018年6月发布的《中国海归人才吸引力报告》数据显示，回到中国的留学生不但没有减少，反而逐渐增加。目前生活在外国的华人中，35%没有中国生活经验的华人和73%有中国生活经验的华人都表达了希望回国的想法。

现任中国国家主席习近平在中国共产党第十八次全国代表大会上提出了"聚天下英才而用之"，这就是中国的人才战略。构成这一人才战略中心的，就是目前正在海外活跃的中国人或华人人才。

2014年1月16日，习近平总书记给全体在德留学人员回信，信中写道："实现中华民族伟大复兴的中国梦是近代以来中华民族的夙愿，是13亿中国人民的共同梦想。希望广大海外学子秉持崇高理想，在中国人民实现中国梦的伟大奋斗中实现自身价值，努力书写无愧于时代的华彩篇章。"中国留学生得到回信后表示，他们将进一步加强学业，今后回国为祖国作出贡献。就在不久前，2013年10月22日欧美同学会成立100周年的纪念仪式上，习近平总书记发表讲话，充分肯定了广大留学人员在中国发展中作出的突出贡献，并为中国有这些人才而感到骄傲。

曾经，人们心中的精英路线就是从外国知名大学毕业，留在当地的跨国大企业工作。这个风潮至今仍旧存在，但是面对中国的经济增

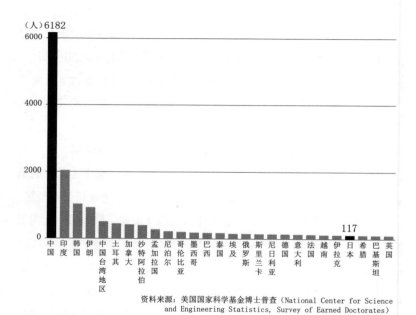

资料来源：美国国家科学基金博士普查（National Center for Science and Engineering Statistics, Survey of Earned Doctorates）

图4-9　美国大学研究生所属国家和地区排名

长，越来越多"海龟"选择回国，开始引领中国的创新。中国教育部 2018 年发布的数据显示，截至 2018 年底，共有 432.32 万人完成留学，其中有 365.14 万人回到中国，占整体的 84.46%。

从中国留学生整体情况来看，其中 56% 获得了硕士学位，38% 获得学士学位，其余则获得了博士学位或其他专业学位。此外，2017 年至 2018 年，在美中国留学生人数达到 366341 人。待这些学生回国后，中国无疑将实现进一步的创新发展。

日本也有许多留学项目，以期培养日本版海归人才，然而"产出"和"回流"的生态体系尚未形成。事实上，众多留学项目和奖学金都招不满学生，一些有海外关系的学生会积极申请，国内学生则很不积极。我在校时，相比其他国籍的学生，日本学生更容易获得奖学金。周围的朋友纷纷询问日本学生为何容易获得奖学金，我的回答是：日本学生并不积极到国外留学，申请奖学金的人数也很少。说句题外话，2019 年 12 月，美国媒体 Quartz 刊登了一篇名为《世界最强大的护照遗落在日本》（Having The "World's Most Powerful passport" Is Lost On Japan）的文章，文中提到持有护照的日本人口仅占 23%，在七国集团（G7）中排行最低。其原因有人口老龄化导致旅行不易，年轻人对外国的恐惧（比日本治安更差）等。的确，日本可能是全

表4-8　美国大学博士学位获得者

国家	专业	2009年	2010年	2011年	2012年	2013年	2014年	2015年	2016年	2017年	2018年
日本	全体	256	236	244	240	217	173	164	166	117	117
	理工	193	173	179	179	166	129	120	129	92	93
	非理工	63	63	65	61	51	4	44	37	25	24
中国	全体	4101	3744	3988	4222	4796	4982	5374	5526	5555	6182
	理工	3753	3457	3652	3906	4443	4650	4970	5140	5149	5689
	非理工	348	287	336	316	353	332	404	386	406	493

资料来源：美国国家科学基金博士普查（National Center for Science and Engineering Statistics, Survey of Earned Doctorates）

世界治安最好的国家，然而，不走出国门就很难了解或评价自己的国家。而且，不了解海外，同样很难在自己的国家发起创新。

　　了解海外现状，在世界舞台上得到过磨炼的"海龟"无疑是中国的精英，今后也将成为支撑中国发展的人才。当然，除了年轻"海龟"，把中国建设成现代化创新大国的人群中，也包括改革开放以后率先飞往海外的上一代"海龟"。

上一代"海龟"

2018 年以后，日本媒体时常提起中国"海龟"人群，但是如果审视中国近现代史的发展，就会在把中国建设为现代化创新大国的人群中发现一大批上一代"海龟"的身影。

1978 年改革开放前期，政府派人分别前往中国香港地区、日本、东欧、西欧，探索现代化发展的方向。其后，改革开放正式开始，中国人在走向世界的过程中，又有一批人引领了留学热潮，那就是在派遣代表团的同年 12 月 26 日，由国家派往美国进行公费留学的 52 名学者。这 52 名学者都是当时中国最具代表性的学者，他们在"科学技术是第一生产力"的时代前往美国，在那里学习了尖端的科学技术，然后回到中国。回国后，他们利用自己学到的知识为中国的科学技术发展作出了巨大贡献，奠定了中国成为创新大国的基础。这 52 名学者被称为"首航学者"，是新中国史上第一批踏足异国的留学生。与改革开放共同走过了 40 年的 52 名"海龟"中，7 人入选了中国科学院或中国工程学院院士，多人获得了国家科学技术进步奖。当时在大学担任讲师和研究员的学者后来成了各研究领域的专家权威，为中国科学技术的进步作出了巨大贡献。

除"首航学者"以外，2019 年 12 月 18 日，中国全球化智库（CCG）和中国国际人才专业委员会发布了"中国海归 70 年 70 人"名单，列出了中华人民共和国成立 70 年以来，为中国发展作出了显著贡献的 70 名"海龟"。名单上的人员活跃在政治、科学技术研究、金融、商业、医疗、教育、文学、体育等广泛领域，可谓代表中国当下的人才。

白春礼获得中国科学院博士学位后，前往美国加利福尼亚理工学院成为博士后研究员，后当选中国科学院院士、美国国家科学院外籍院士、英国皇家学会外籍院士，在世界最大的科学技术研究机构中国科学院担任院长，领导中国科学技术振兴。

陈吉宁获得清华大学学士、硕士学位后，前往英国布鲁耐尔大学生物化学系攻读博士学位，毕业后出任清华大学教授、校长，中国原环境保护部部长，现任中国北京市市长，致力于改善北京大气污染。

万钢先后就读于东北林业大学、同济大学，后前往德国克劳斯塔尔工业大学机械系攻读博士学位，毕业后在奥迪工作，2001 年回国，进入同济大学成为研究者。历任该大学新能源汽车工程中心主任、副校长、校长，后出任科学技术部部长，在职期间致力于推动中国科学技术实力发展，引领了中国创新。

除此之外，还有"人民作家"**巴金**、现中国驻美大使**崔天凯**、滴滴总裁**柳青**等人也入选 70 人名单。

当然，这些回国人士中也有与日本关系密切的"海龟"。上文提到的崔天凯在赴美之前担任过中国驻日大使。**薛其坤**是现任清华大学副校长，也是第一个发现"量子反常霍尔效应"的著名物理学家，曾是中日联合培养学生，在日本东北大学金属材料研究所做过研究。

另外，此次入选名单最多的是"清华派海龟"。例如，上文提到的诺贝尔物理学奖获得者、清华大学教授**杨振宁**，在计算机科学领域留下了丰功伟绩、世界最高权威图灵奖获得者**姚期智**，北京市市长**陈吉宁**，世界知名结构生物学家**施一公**，世界知名经济学家、"长江学者"**李稻葵**等，共计 18 人。

陈吉宁获得博士学位后，先是留校研究，不久后回国，而杨振宁、姚期智和施一公都在取得美国国籍后，放弃美国国籍回到中国。很多学者都像杨振宁一样，在美国学成之后，获得美国国籍并继续研究，但在目睹了中国飞跃性发展后，选择作为"海龟"回国，恢复中国国籍。

他们决定回国的一个重要原因在于中国科学技术的振兴和教育的

振兴。事实上，施一公年仅 40 岁就成为美国普林斯顿大学终身教授，最后还是决定回到母校清华，成为一名教育者。2018 年，他放弃了副校长职位，成立了新型民办研究型大学西湖大学。

杨振宁与姚期智放弃美国国籍，恢复中国国籍后回到了清华大学。诺贝尔奖和图灵奖的获得者共同选择留在清华，致力于培养下一代科学技术人才。

李稻葵在美国哈佛大学获得博士学位后，一度在美国担任教授，后回到母校清华。他作为第一任苏世民书院院长，为清华大学的国际化做出了显著贡献。除他以外，还有第一个获得"数学界诺贝尔奖"——菲尔兹奖的华人，在美国哈佛大学担任教授的丘成桐也来到清华大学，出任"清华学堂人才培养计划"数学班首席教授，为中国培养数学人才。上文提到的施一公出任清华学堂生命科学班首席教授，姚期智则是清华学堂计算机科学实验班（俗称"姚班"）及新成立的人工智能实验班首席教授。这一"清华学堂人才培养计划"旨在培养引领中国继续创新的下一代人才，目前已经有许多学生从这里毕业，进入全国各地的高等教育机构任职，或是成为创业者。

上一代"海龟"们在中国尚远远落后于欧美和日本、还没从"文化大革命"的创伤中恢复过来的时期，就在改革开放政策的推动下前往了海外。他们心怀中华民族伟大复兴的理想，在海外完成了学业。

　　回国后，"海龟"们带着自己从国外得到的知识和经验投身于中国的发展，培养了下一代人才。与改革开放前夜一样，奔赴海外的派遣团队亲眼见证了外国的发展现状，深刻体会到了中国发展需要什么。事实上，如果要讨论中国的发展，就不得不提及这些"海龟"；如果没有这些"海龟"，就没有中国现在的发展。

中国教育的光与影

光下必有影。中国的精英教育固然培养了众多英才，但也造成了大量社会问题。

如果说日本是"平均分教育"，那么中国就是"看重成绩的精英教育"。本来，以中、日、韩为代表的东亚各国都采用了全国统一考试制度，对学生实施"填鸭式"教育。可是在 20 世纪 70 年代，日本教职员工会首先发声，全体社会大声批判"填鸭式"教育，称其导致了落后生、校园霸凌和暴力、旷课等社会问题，并提出了宽松教育。时任日本首相福田赳夫赞同宽松教育的方针，并修订了学习指导纲要，要求实现"宽松而充实的学校生活"。1980 年，宽松教育正式开始实施，课程内容及课程时间大幅消减，然而实施十年后，人们又开始批判宽松教育。当时经济合作与发展组织（OECD）发起的学业程度调查 PISA 2000（国际学生评估项目，Programme For International Student Assessment）显示，在所有参与调查的国家中，日本的家庭学习时间最少，阅读能力为平均水平。此外，人们还普遍认为接受了宽松教育的大学生能力水平低下，引发了学习能力低下的争论。

2005 年以后，日本开始改革教育制度，从 2010 年开始实施脱离宽松教育的学习指导纲要，给宽松教育打上了休止符。然而，日本虽然停止了宽松教育，"平均分教育"却转而开始蔓延，学生个性被忽视，被强行安排相同的学习轨道，导致学生一旦倾诉梦想就要被迫认清事实。近年来，中国和韩国的考试竞争也愈演愈烈，甚至成为国际性话题，越来越多的人开始批判过度的"填鸭式"教育。但是，中国还是走上了与日本完全相反的道路。

改革开放时，邓小平提出"一部分地区、一部分人可以先富起来"，以深圳为首的几个经济特区率先发展，然后带动其他地区共同发展，由富裕阶层帮助贫困阶层。此后，中国实现了极大的经济增长，呈现了一定程度的效果，然而从先富到共富的调节并不顺利，贫富差距逐渐扩大，形成了社会问题。尤其是城市和农村之间、各地区之间的收入差距较为明显，甚至影响了社会稳定。再看中国教育界，现状恐怕可以被称为"先育论"。

"文化大革命"后，中国的经济资源和教育资源都极度匮乏，只有一小部分学生能够接受高等教育。1977 年，国家恢复高考，但是教育设施和教职员严重不足，学生无法得到高质量教育，因而不得不竞争有限的教育资源。先受到高等教育的一部分学生将自己的知识和经验传承给下一代，其中最典型的当属"海龟"群体。

上文提到的"海龟"可以说是"看重成绩的精英教育"形成良性循环的成功范例，但是由于教育资源有限，人口不断增长，学生不得不面对越发激烈的考试竞争，与此同时，校方为了择优录取，不断提高考试难度，增加课程内容和学习时间。其结果就是，赢得了考试竞争的学生固然可以得到接受高等教育的机会，挫败的学生却没有第二次机会。我在介绍高考的小节已经提到，中国人极度看重学历，高考的结果足以决定自己和家人的一生。

近几年，大城市的教育环境和教育质量有所改善和提高，但地方农村与城市的差距依然明显。原因在于，中国社会保障制度并非由中央政府统一管理，每个地方政府的管理方式都不一样，要解决地方财政存在差异的地区之间的教育差距，可谓十分困难。财政预算集中在北京、上海等直辖市以及财力丰厚的广东省深圳市等地，使得这些城市可以大力投入教育资源，建设重点学校。但是其他财力有限的地区则很难建立起上文提到的人大附中或深圳中学这样的顶尖学校。中国西部、边境、山区等地的教育资源尤其匮乏，有的地区甚至苦恼于教师不足，哪怕学生数量过剩，也不得不关闭学校或是限制入学人数。

马云卸任阿里巴巴的 CEO 后，在马云公益基金会设立了"乡村

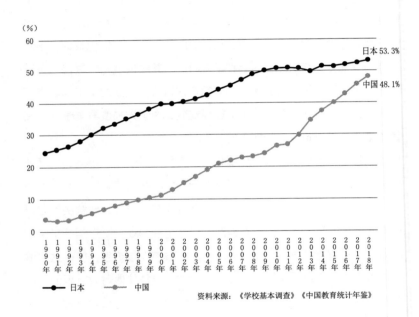

图4-10 日本与中国的大学升学率变化

教师计划""乡村校长计划""乡村寄宿制学校计划"等振兴乡村教育的支援项目,但是由于贫困地区众多〔截至 2019 年 5 月,中国国家级贫困县(地区)有 485 个〕,振兴教育可谓"道阻且长"。目前各所大学都实施了针对偏远农村学生的升学优待措施(如清华大学的贫困专项和北京大学的筑梦计划、国家专项计划),然而由于基数过大,只有极少一部分学生能够得到这样的待遇。虽然 1995 年前后只有 10% 左右的大学升学率现在已经上升到了 50% 左右,但众多贫困地区的学生依然很难上大学。

此外,虽然中国与日本同有"学区"制度,但日本有许多私立小学,教育水平也很高,因此不存在教育资源不均衡的问题。中国则以公立小学为主,学校之间的教育水平悬殊,因此在小学阶段就会形成竞争。

中国有着严格的户籍制度,结果就导致了"学区房"的争夺战,富裕家庭从一开始就能让孩子得到高水平教育,普通家庭的孩子只能靠后天努力及其他办法争取升学,因此教育不均所导致的社会差距不断加大。

除了城市和农村的教育差距,学生在接受过于沉重的"看重成绩的精英教育"时，也会形成"阴影"。首先，学生接受的都是被称作"应试教育"的"填鸭式"教育，仅仅是为了应付考试，因此在固定形式的考试中能够发挥高超的能力，一旦遇到偏离常规的问题和需要创造力的问题，就很难应付（当然并非所有学生都这样）。教育的本质是培养人的个性和创造力，而"应试教育"则恰恰相反，有可能对创新和创造力造成严重的负面影响。

　　一般认为，学生应该在义务教育阶段发挥自己的个性，以好奇心为基础，研究自己感兴趣的内容，并选定在大学希望学习的专业，决定将来的职业路线。然而，面对日益激化的考试竞争，学生不得不尽量获取更多的知识，既没有时间发展兴趣爱好，也得不到制度上的鼓励，不得不一直压抑，直到考上大学才开始追求。

　　上文提到的经济合作与发展组织所实施的学业程度调查PISA 2015显示，日本 15 岁学生的校内平均每周学习时间为 27.5 小时，而中国（调查对象包括北京市、上海市、江苏省、广东省）15 岁学生的平均学习时间为 30.1 小时；校外平均每周学习时间为日本 13.7 小时、中国 27 小时，差距极大。此外，该调查还显示，中国学校的学术类课外活动很丰富，但音乐活动等反映学生个性和爱好的课外活动很少，由此也可以窥见中国的学业至上主义。

　　当然，后来的学业程度调查 PISA 2018 显示，中国（调查对象包括北京市、上海市、江苏省、浙江省）学生的阅读能力、数学素养、科学素养等所有项目都排在第 1 位，相比之下，日本学生的阅读能力排在第 15 位，数学素养第 6 位，科学素养第 5 位。值得注意的是，PISA 2015 针对中国的调查对象为北京市、上海市、江苏省和广东省，PISA 2018 的调查对象则变成了北京市、上海市、江苏省和浙江省。这些城市和省份在中国国内都属于顶级教育发达地区。若是加入农村和贫困地区的数据，可能会呈现出不一样的调查结果。

　　此外，高中时期的学习成绩将成为大学入学的判断标准，因此学生在高中阶段往往只能根据单一评价被分出优劣，难以发展个性。考虑到这种情况，中国内地在 20 世纪 90 年代开展了促进学生个性发展的"素质教育"，但是除了一部分大城市，实施素质教育的地区还不多。人大附中和衡水中学就是一对很好的比较例子。人大附中位于中国首都北京市，学生从小就接受了高质量教育，因此在高中时期可以从事发展个性和爱好的探索型学习和研究。当然，衡水中学也是国家重点学校，学生家庭条件一般也比较好，但是该学校以考上大学为第一目标，应试教育更为明显。

　　2020 年，中国全面实施高考改革，"应试教育"有望进一步得到改变。但是，教育资源依旧有限，激烈的竞争永无止境，改革的结果也还是未知数。日本的毕业旅行一般都组织学生参观历史文化名胜，在中国则是"研学旅行"，即以研究和学习为主的"旅行"。其目的地多是大学研究机构和专为研学旅行设置的"研学实践教育基地"，学生可以在这些机构展开各种各样的研究和社会实践，增长学识。

除了个性和爱好之外，学生的健康情况也应引起重视。提到中国学生，多数人首先会想到他们戴的眼镜。中国的确是世界第一近视大国。2019 年 4 月，人民日报社的新闻网站"人民网"发表了《国民视觉健康大数据报告》，其中显示小学生的近视率为 45.7%，初中生为 74.4%，高中生为 83.3%，大学生为 87.7%，可见学生近视率相当高。

另外，北京大学 2015 年发布的《国民视觉健康报告》预测，2020 年中国近视人口将达到 7 亿人，有一半中国人都存在近视问题。一般认为，近视人口多的原因是学业负担大，同时运动时间不足。运动时间不足不仅会影响学生的视力健康，还会对身心健康造成很大影响。

表4-9 PISA结果

日本与中国的平均每周学习时间（单位：小时）

	平均每周学习时间（校内）	平均每周学习时间（校外）	平均每周学习时间（合计）
日本	27.5	13.7	41.2
中国（北京市、上海市、江苏省、广东省）	30.1	27	57.1

资料来源：PISA 2015 Results（Volume II），Table II.6.32 Average time per week spend learning in regular lessons，Table II.6.37 After-school study time

日本与中国的学校课外活动设置情况（单位：%）

	音乐活动	戏剧	校内报纸杂志	志愿活动	科学俱乐部	科技竞赛	棋类	电脑及信息科学俱乐部	艺术	体育
日本	91.0	50.8	47.8	91.5	59.8	23.6	33.3	53.4	96.7	100
中国（北京市、上海市、江苏省、广东省）	66.5	53.8	79	92.7	90.6	90.5	68.4	72.4	95	100

资料来源：PISA 2015 Results（Volume II），Table II.6.46 Extracurricular activities offered at school

PISA 2018学业程度调查结果

	日本			中国（北京市、上海市、江苏省、浙江省）		
项目	阅读能力	数学素养	科学素养	阅读能力	数学素养	科学素养
得分（分）	504	527	529	555	591	590
排名（位）	15	6	5	1	1	1

资料来源：PISA 2018 Results（Volume 1）

　　大多数初高中没有社团活动，学生很难文武兼修，若想投身于体育项目，就要从小在"体育运动学校"（俗称体校）学习。除此之外，就是积极投身于学业并考取大学，或者进入实施职业教育的"职业学校"和"职业技术学院"。

　　在中国，人们常说有时间运动不如多做几道题，其结果就是，中国学生在学业方面虽然优秀，其运动能力却落后于世界平均水平，情况堪忧。此外，由于学生把所有时间花费在学习上，不仅是运动能力，其日常生活及社会生活能力也有所欠缺。

　　当学生经历过激烈的考试竞争，考上重点大学后，等待他们的将是更多的竞争。与中考和高考的激烈竞争相同，大学里的竞争也十分激烈，学业成绩、奖学金获得经历等都会影响到未来找工作。在各省顶尖学生齐聚一堂的"清北复交"等大学，这一竞争更为激烈，哪怕是地方的顶尖学生，若不努力，成绩就会一落千丈，其压力之大可想而知。竞争若能往好的方向刺激学生，成为学生的动力，当然是件好事，然而，事实不一定如此理想。另外，由于中国是个学历至上的国家，本科生考取研究生已是常态，而本科成绩也会影响到研究生录取，所以对学生来说，学历和成绩无疑是决定前途的问题。

　　如此这般，中国的教育制度虽然培养了众多人才，但光下必有影，教育导致社会差距越来越大，却尚且没有解决的方法。与此同时，中国教育也利用竞争机制得到了大量优秀人才，尤其是"海龟"人才。不可否认，这些"海龟"回国后引领了中国的发展和创新。

中日两国教育各有优缺点，很难简单断言孰优孰劣，但是，如果中日两国能够互相学习，或许能寻找到更好的教育方式。

第5章　日本青年与中国青年

　　本书从年轻人的视角观察了当下的中国，介绍了中国的数字产业、教育产业，以及生活在中国的"80后""90后"和今后将会成为中国社会主角的"00后"。

　　2017年，中日两国迎来邦交正常化45周年，2018年是《中日和平友好条约》缔结40周年，2019年是中日青少年交流促进年，三者可谓2010年代中日两国最大的发展节点。另外，2018年10月时任日本首相安倍晋三访问中国时，中国国旗与日本国旗在北京天安门前同时升起。2019年12月中日首脑会议上，两国首脑又探讨了"中日新时代"的主题。今后，中日两国将在新时代中发展出更紧密的关系。

　　今后将成为社会主角的日本青年与中国青年在价值观方面有什么差异？在中日两国关系更加紧密的过程中，两国青年对彼此正确的理解可能会起到十分重要的作用。本章将会比较中日两国青年的恋爱观、婚姻观、家庭观、教育观、职业观等价值观，并介绍以大学生为主体的中日两国青年一天的生活，以加深两国青年对彼此的理解。

恋爱观、婚姻观

日本

在日本，学生恋爱现象十分常见，很多人在高中已经有过恋爱经历。部分校规严格的高中会禁止恋爱，但总体上占少数。

升上大学后，谈恋爱的人数进一步增加，而且随着学生活动范围变广，朋友圈子变大，邂逅的机会也会变多。另外，日本大学生还可以在做兼职和联谊会上认识恋爱对象。

相比中国，日本的恋爱观和婚姻观更为简单。婚前固然会与对方父母见面，但最重要的还是结婚当事人的想法，父母不会多加干涉。当然，两国的家庭观也会影响到这点。中国人的家庭关系更紧密，家长一辈子都把孩子当成孩子。在日本，孩子成人后，家长就会将其视作成年人，在恋爱和婚姻这方面更为宽容。

近年来，日本晚婚现象越来越普遍，其原因之一，可能就是虽然处在经济衰退的情况下，但日本社会变得更适合单身生活了。事实上，根据日本内阁府实施的《本国与外国青年意识相关调查（2018年度）》，日本人不结婚的前三大理由分别是：①可以尽情享受自己的爱好和娱乐；②一个人也不会觉得不方便；③可以过经济宽松的生活。在生育人口减少的背景中，以家庭为单位来保证经济宽松变得越来越困难，导致单身生活的年轻人剧增，因此推动了晚婚化现象。另外，回答结婚更好的青年占到 50.9%，与 2013 年的调查结果相比降低了 11.6 个百分点。

中国

中国高中基本禁止恋爱，或者说，学生一直忙于学习，甚至没有时间恋爱。部分高中如果发现学生恋爱，甚至会勒令其退学，因此很少人会冒着风险谈恋爱。多数学生都是在考上大学后才有了人生第一次恋爱。

考上大学后，恋爱不再是禁忌。因为中国学生基本上在校园内度过大学生活，所以很多人都会在校园内恋爱，情侣有很多相处时间。大学里常见的光景就是情侣一起去食堂吃饭，坐在咖啡厅或图书馆自习，或是一起运动，与其他国家的恋爱没什么不同。

然而，中国青年的恋爱观却很不一样。中国学生从小学到高中都埋头苦学，没有时间谈恋爱，往往在考上大学后才有第一次恋爱经验。于是，很多情侣会一步到位，第一次交往的对象常常就是最后结婚的对象。

学生走上社会后，其恋爱观和婚姻观又会发生改变。同学夫妻因为来自同一所大学，所以结婚时只注重彼此将来的潜力。然而，一旦走上社会，结婚的条件就会变得更多，因此不少人"难结婚"。

中国女性最常见的结婚条件就是男方"有房有车"，也就是说，房子和汽车成为中国婚姻的一个条件。这一观念受到了中国经济情况的影响，女性也是为了寻求更好的经济保障和生活保障。如果没有物质基础，就无法为孩子提供良好的教育，也无法得到稳定的生活。

可是大学毕业后短短几年，人们就进入了适婚年龄，哪怕决心与恋爱对象结婚，也很难满足"有房有车"的条件。有些青年因此会依赖父母的积蓄购买房子。

再看近几年的情况，越来越多的女性接受了高等教育，拥有更强的实力，因此晚婚者和未婚者逐渐增多。由于经济形势严峻，很多女性不愿接受结婚后生活成本上升、生活水平却相对下降的情况，只愿意谈恋爱。除经济情况外，这一现象还受到了独生子女政策的影响。"80后"和"90后"基本都是一人赡养二老，经济负担更大。

事实上，2015年中华全国妇女联合会发布的《中国幸福婚姻家庭调查报告》显示，中国平均初婚年龄为26岁，并不算高。但是中

国民政部的《民政事业发展统计公报》显示，2018 年的结婚率为
7.3%，比 2014 年的 9.6% 有所降低。受到独生子女政策的影响，晚
婚者和未婚者增加，婚后仍要工作的中国女性不想要孩子，导致近年
来选择"丁克"生活、没有孩子的夫妻数量明显增多。

　　中国传统思想认为离婚不好，应该尽量避免离婚，但是现在恋爱
观和婚姻观越来越多样化，很多人都有了更开放、更包容的思想，因
此对离婚的忌讳心理逐渐减弱。

　　说句题外话，中国男性看重付出，特别关照女性。我的朋友在校
时就每天接送女朋友去实习，早上先到食堂买了早饭，送到女朋友宿
舍，晚上则把女朋友接回来，每次必买一杯奶茶。婚后，那个朋友又
成了家务全包的好爸爸。"80 后"和"90 后"人群中，会做饭的男
性似乎较女性更多（仅为个人感觉）。

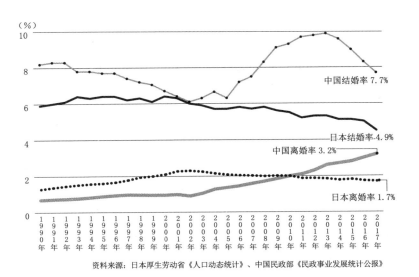

（%）

中国结婚率 7.7%

日本结婚率 4.9%

中国离婚率 3.2%

日本离婚率 1.7%

资料来源：日本厚生劳动省《人口动态统计》、中国民政部《民政事业发展统计公报》

图5-1　中国与日本的结婚率、离婚率

家庭观

日本

与中国相比，日本的家庭更为扁平。孩子成年后就是一个独立的人，虽然同是家人，但多数日本家庭还是认为成年等于独立。毕业后，如果顺利找到工作，并且经济情况稳定下来，日本孩子也会像中国孩子一样给家里送钱，但日本较为特殊的一点是，孩子找到工作后很快就会开始送钱。此外，下文介绍职业观的部分会提到，中国家庭多是双职工，很少有家庭主妇。日本电视剧中有个常见的情景，那就是母亲在厨房做饭，等待父亲下班回来。这在中国是非常少见的光景。另外，上文提到的内阁府报告还显示，希望自己老后得到孩子看护的人占到 27.8%，可见日本青年大多不愿意麻烦自己的孩子，倾向于明确划分自己的生活与孩子的生活。

中国

对中国人而言，有家才有我，家庭最为重要。现代中国青年依旧持有这样的想法。受独生子女政策的影响，中国青年往往是家庭中唯一的孩子，所以更倾向于重视自己的家庭。事实上，即使有工作上的状况或其他急事，中国青年还是最重视家庭，在中国农历新年和一家团聚的中秋节等节日，必定会回到家乡，与家人亲戚团聚。这是因为中国拥有历史悠久的儒学底蕴，以家庭为社会基础的思想催生了重视家庭的倾向，如儒家思想中的"孝道"就教导人们尊重长者，赡养尽孝。

中国的这种家庭观会给孩子（哪怕已经成年）带来极大的影响。日本人在成年后就会被视作独立的大人，可以自己决定自己的生活。但是在中国，这些决议依旧在家庭内部进行。

受到独生子女政策的影响，家长往往会格外疼爱家中唯一的孩子。如果观察独生子女近年来的动向，就会发现"90后"已经成了更追求独立性的一代，越来越多人希望原生家庭不要干涉自己的生活。出于这些原因，许多中国家庭在孙辈降生后，会全家总动员照顾孩子。如果走到中国的小学门口，就会发现这里跟日本不一样，放学时有家长接，加之孩子父母多为双职工，前来接孩子的家长往往是爷爷奶奶或外公外婆。

父母是中国家庭中十分重要的角色，即使孩子长大成人，他们也认为自己应该帮忙看管孙辈。因此，中国家庭的关系更复杂，彼此之间的牵绊更强烈，一旦家庭成员遇到问题，就会互相帮助。当然，在如今的年轻人眼中，这个责任过于重大，因此很多人在经济未能独立的情况下，会尽量回避这样的婚姻关系，暂时不组建家庭。受独生子女政策影响，独生子女必须一个人照顾父母、孩子和孙辈，其经济压力可谓难以想象。

教育观

日本

曾经，日本是亚洲第一教育大国，但是开始实施宽松教育后，就被中国和韩国赶超，如今连亚洲教育大国的地位都岌岌可危。其根本原因可能在于教育观。

日本的幼儿园和小学等义务教育阶段的教育目前还领先于其他各国，但是到了大学教育，情况就急转而下。一般来说，外国（主要是欧美国家和中国）大学教育都在本科时期打下基础，在研究生阶段学习专业知识。换言之，大学就是培养学生基础知识能力、研究兴趣和基础学术研究能力的高等教育机构。由于这种教育资源有限，唯有在考试竞争中胜出的成绩优秀者才能够得到教育机会。

然而，对日本学生来说，大学正在渐渐成为走上社会的"**贴金跳板**"。后文在职业观部分也会稍微言及，现在日本的文科学生毕业后通常直接进入企业工作，理科学生则会继续读研或直接工作。

日本的社会体制更为重视学生的社会经验，而不是大学成绩和学术成果。事实上，身为文科生的我在中国考研时，周围的人纷纷询问："你为什么不找工作?""文科生为什么读研?"日本社会已经形成了文科研究生等于逃避就业的看法,人们对这类人群的偏见十分严重。

从企业角度来看,因为大学成绩和学术成果与企业不存在关联(技术岗位除外),所以企业往往不会将这些作为录用参考。2013 年,《为何日本大学生最不爱学习?》(东阳经济新报社)的作者辻太一朗就在媒体上解释了日本大学生不学习的原因。

其一,企业不注重大学成绩,不会将其作为录用参考。

其二,学生努力学习也没有"好处",因此喜欢选择好拿学分的课程。

其三,老师一旦认真教学,选择自己课程的学生就会变少,所以不如降低教学难度,让学生好拿学分,自己则把精力投入研究。

其四,大学里有很多好拿学分的课程,所以学生很轻松就能毕业,学习也就没了"好处"。

其五,(相当于其一)在企业看来,大学成绩的参考性下降,更不会将其作为录用参考。

综合上述原因,除部分学生以外,很多学生都失去了在大学努力学习的动机,转而把大学当成就业的"跳板"。但是,如上文所述,日本义务教育阶段的教育还处在世界顶尖水平，尤其从幼儿教育到小学教育阶段，对学生独立自觉性、集体性和礼仪方面的教育无疑是世界首位。

中国媒体也经常介绍日本的幼儿教育和小学教育，认为受到独生子女政策的影响，中国儿童被家长溺爱，日本儿童则懂礼貌、独立性强。可以说，日本教育恰好填补了中国教育的不足部分。在义务教育阶段，日本拥有较为先进的教育观，致力于培养独立自觉的学生。可是到了大学阶段，由于学生已经成年，多数家庭都会让孩子决定自己的将来。然而，从上大学到走向社会，日本教育观出现了欠缺，导致形成了职业观胜于教育观的扭曲结构。

中国

如上一章介绍，中国可以说是全世界最热衷于教育的国家。中国青年从小就接受英才教育，在通过高考这一激烈的竞争之后，依旧面临着各种竞争，升上大学也要继续努力学习。在极度重视学历的社会中，高学历成了进入大企业工作的敲门砖，许多企业还会根据大学排名来判断学生能力。因此，中国的教育观就是哪怕砸锅卖铁也要让孩子接受高等教育。这一观点不仅为父母一代所有，也传承到了目前的中国青年一代。

2020 年，"90 后"纷纷踏入 30 岁的门槛，教育热潮进一步升温。上一代人抓教育绝大多数是从小学开始，"90 后"在亲身经历过激烈的竞争后，对自己的孩子更是实践了邓小平于 1984 年提出的"教育要从娃娃抓起"这一理念，在孩子幼儿时期就热心投身于教育。

另外，现在的"00 后"实际能被父母干涉的学历应该到大学本科为止。再往后，由于考研需要学生的成绩优异，对研究有兴趣和意愿，所以即使是中国家庭，也很少有人会听从父母建议选择升学。当然，中国社会的人才需求正在转向高学历需求，因此很多学生自愿考研，其中必然也有经济方面的考虑。

在中国，高学历等于高收入，许多学生都倾向于追求高学历。也有许多学生目睹了"海龟"回国后在中国活跃的例子，决心出国留学。比较一下日本和中国的研究生院在校人数的变化，其差别就一目了然。虽然中国人口是日本的十倍之多，但这个数字依旧令人惊叹。

而且，**中国人在校期间及走上社会之后，学习意欲也一直很强烈**。后文将要介绍的中国职业观在这里发挥了重要作用。目前，中国教育市场的"职业教育"或"成人教育"领域也在飞速发展，职业资格、在职工商管理（MBA）课程、企业研修、针对社会人士的考

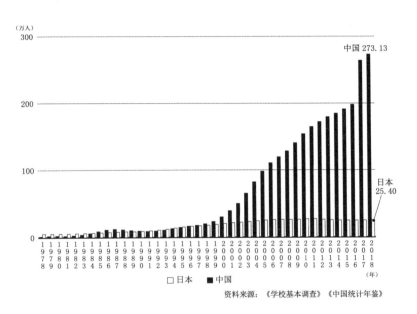

图5-2　日本与中国的研究生院在读人数变化

研辅导、慕课（Massive Open Online Course，MOOC）等相关服务也在不断增加。从这些例子中可以看出，**中国人十分重视教育，认为只有教育能够提升自己**，这在某种意义上，可以说是社会的良性循环。

职业观

日本

可以说职业观综合了本章提到的所有价值观。教育直接导向职业，走上社会后，人们的恋爱和婚姻关系也会影响到今后的职业观，职业观与家庭观也有很深的关联。职业观整合了所有价值观，可以说是体现一个时代、一个国家整体的价值观念。

日本的职业观世界闻名，正是这种职业观支撑了"二战"后日本的高速经济增长。日本人对企业怀有强烈的归属感，忠诚度极高，且企业采取终身雇佣制，使这些人一度被称为"企业战士"。现在，因为工作方式改革，企业效率提升，导致长时间劳动的根本原因——加班体制被取消，然而，根植在社会上的职业观依旧顽固，导致改革很难有所进展。

现在的一代人同样是文科生本科毕业后不再升学，而是遵循日本独有的制度，以应届毕业生的身份进入企业，完成实习后成为企业一员。理科生虽然会继续升学，但是近几年"不读研"的风潮渐渐普及，愿意走上研究者道路的人少之又少，多数学生都会直接就业。就业后，还有很多人会努力工作，争取晋升。至今依旧存在隐忍和吃苦是一种美德的说法，许多人即使生病也会坚持上班。这是上一代到现在这一代日本青年始终贯彻的价值观。

另外，由于少子老龄化不断加剧，育龄人口持续减少，以厚生劳动省为代表的日本政府开始推行"鼓励副业和兼职"的成长战略。尽管如此，除部分先进企业外，很多企业依旧禁止员工从事副业和兼职。而且，众多企业仅认可事业提升式的跳槽，对多次跳槽的人依旧持有负面印象。

在常年实施终身雇佣制的日本，在某个企业习得的能力有可能不适用于另一家企业，因此企业更重视员工的经验，欣赏熟悉企业内部各种业务的人员。

其结果就是人才失去流动性，除公司内部以外，没有其他可以培养技能的地方。因此，众多日本青年在找工作时都会选择大型企业，追求稳定的生活。近几年，虽然也有人加入创业公司工作，但依旧比较罕见。

中国

中国面临着近几年来最严重的就业困难，对"90 后"和"00

后"等世代的职业观造成了巨大影响。"80后"毕业时还有许多选择，但是"90后"和"00后"不得不面对严峻的就业情况，导致越来越多的学生选择考研或考公务员。除了国家公务员岗位，国企和外企的岗位也很受欢迎。在这些情况的影响下，中国青年的职业观也出现了追求稳定的倾向。与日本不同，中国企业看重即时能力，较少进行企业实习，而倾向于让员工在实践中培养能力。因此，相对稳定的公务员岗位和国企岗位才会更受欢迎。

还有一点与日本截然不同，那就是中国人对工作的看法。因为近几年的工作方式改革，越来越多的日本青年更看重私生活，但很多人还是会以工作为先。然而，受到上文提到的恋爱观、婚姻观、家庭观等价值观念的影响，许多中国人更重视私生活。我的在 IT 企业工作的朋友，他们会把公司电脑带回家中，在家里加班。当然，这在安全方面容易形成问题，但可以看出，中国人认为**私生活大于工作**。

另外，如上文所述，中国的实习制度不如日本完善，培育新人的成本较低，因此人才流动性远远高于其他国家。大多数人毕业后进入企业工作，五年内都会转职。转职前，有人会考虑考研，也有人会打算尽情享受闲暇生活，还有部分人会利用上一份工作积累的经验自己创业。将这些经验应用在下一份工作上的观念，也是目前中国独有的职业观。

　　除此之外，中国对副业和兼职的规定不太严格，受经济情况影响，就产生了"副业刚需"。因此，中国青年除本职工作以外，还可以从事副业和兼职，培养新的能力，为随时转职做好准备。这种人才流动性对市场来说很有好处，也能培养出能力更高的人才（当然，也会出现如何留住人才的问题）。说句题外话，中国人还有睡午觉的习惯，部分公司甚至会设定两个小时的午休时间，因此很多人都会在公司午睡。

一天的生活

最后再来比较一下日本青年与中国青年一天的生活。表 5-1 和表 5-2 为发布在网上的日本某国立大学本科学生一天的作息，以及清华大学网页上刊载的本校本科生一天的作息。清华大学本科生的表格几乎综合了所有本科生的作息，因此日程特别紧凑，属于略显极端的例子，在此仅供参考。

日本大学的学生多为居家走读或独自租房生活。他们的一天从早上 7 点开始，吃完早饭，做好准备后，就出发去学校。8 点 30 分乘坐电车前往学校，9 点 30 分上课。日本大学生的平均通勤时间为 73 分钟（1 小时 13 分钟），如何有效利用这段时间，或许是大学生活的重要课题之一。

中午在学校食堂吃饭，下午继续上课。课后的社团活动是日本大学特有的活动。中国虽然也有学生活动，但那些都是大学批准的活动，没有日本这样自由自主开展的社团活动。当然，其中也有大学批准的社团，但社团主要以学生的爱好和兴趣为基础，鼓励自主活动。

社团活动结束后，就去做兼职家教。东亚各国中，大学生在校期

表5-1　日本某国立大学本科生的一天

7:00	起床、吃早饭、出门
8:30	乘电车上学
9:30	上课
12:00	在食堂吃午饭
13:00	上课
16:00	社团活动
18:00	兼职家教
22:00	回家
22:30	做功课、预习
次日1:00	就寝

表5-2　清华大学本科生的一天

6:30	在校园草地上阅读古典文学作品
7:30	等待图书馆开馆，抢座
8:00	上课
11:00	讨论课程内容
12:00	在食堂吃午饭
13:00	在食堂继续讨论
14:00	在体育课学游泳
15:30	在艺术博物馆当志愿者
16:00	在老师办公室讨论课程内容
17:00	去实验室
17:30	在校园跑步
18:00	戏剧部练习
20:00	上慕课
21:00	在校园看夜景
24:00	宿舍熄灯

清华大学网页上登载的本科生的一天

间做兼职工作恐怕是日本特有的文化。中韩两国学生的学业负担很重，学生不怎么做兼职。此外，中国短期劳动者的薪酬极低，相反，学生学费、住宿费（清华大学本科生住宿免费）、伙食费都能得到国家补助，金额不高，因此兼职打工的学生不多。不过，兼职打工可以在专业领域之外培养各种日常生活技能，而且日本从事兼职的学生多在餐饮等服务行业工作，也能锻炼交流能力。

兼职结束后回家，准备第二天的功课和课程预习。就寝时间为次日凌晨 1 点。这也是日本特有的生活习惯。从全世界范围来看，日本人的睡眠时间可谓世界最少。经济合作与发展组织的调查（Gender Data Portal 2019）显示，日本人平均睡眠时间为 442 分钟，与中国的 542 分钟、美国的 528 分钟、英国的 508 分钟相比，时间极短。

日本青年的生活分布在大学、住处、兼职、社团等多处，从中可以得到各种社会经验，除了校园生活，还有丰富的校外生活，能够拓宽人脉。反过来看，以校园生活为主的中国青年的生活又如何？

清华大学学生的一天开始于清晨 6 点 30 分。上一章也有介绍，中国的大学生几乎都在大学宿舍生活，不存在通勤的概念，因此可以节省很多时间。表 5-2 显示学生在校园草地上阅读古典文学作品，且据我亲眼所见，春、夏、秋三季的确有很多学生在校园或校内公园看

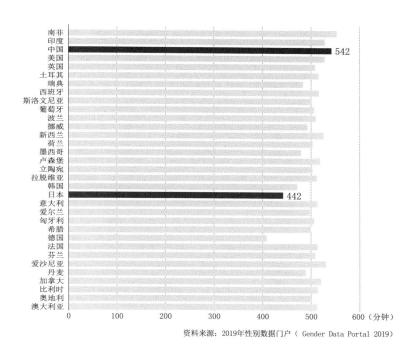

资料来源：2019年性别数据门户（ Gender Data Portal 2019)

图5-3 各国平均睡眠时间

书或学习语言。

　　7 点 30 分图书馆开馆，抢座成了考试周特有的风景。清华大学虽然有九个图书馆，但是在考试周期间，人气火爆的图书馆一开馆就会满员，因此要抢到座位就必须提前 30 分钟去等待。8 点开始上第一节课，清华大学独有的早上拥堵现象也在这个时间段出现。在大学里遭遇拥堵是日本大学生无法想象的事情，但清华大学校园很大，学生都靠自行车移动，早上众多自行车挤在一起，就会形成拥堵。一般来说，拥堵情况只出现在早上第一节课和第二节课时间，其余时间道路相对畅通。

　　下课后，学生们或是留在教室，或是前往讨论区讨论课程内容，然后到附近的食堂吃饭，往往还会留在食堂继续讨论。

　　14 点开始上体育课。清华大学极为重视体育教育，奉行"无体育，不清华"的格言，甚至规定**学生不学会游泳就不得毕业**。星期四下午没有安排课程，专门留给学生开展体育运动和学生活动。从 15 点 30 分开始，在艺术博物馆从事解说志愿者工作。因为清华大学重视"文武兼备"，希望学生在投身于学术的同时，**也培养一定的艺术素养**，因此博物馆全天开放，还会请学生来担任解说志愿者。

　　16 点开始，在老师办公室探讨课程内容，17 点进实验室。对主

图 5-4　清华大学艺术博物馆

要生活在校园内的中国学生来说，学校既是学习和进行学术研究的场所，也是自己生活的场所。17 点 30 分，很多学生会参加清华大学著名的"阳光长跑"，学生跑步是体育教育的一环，参加者用 App 记录跑步距离也是中国特有的景观。学生们的**跑步记录还会影响体育成绩**。

18 点在食堂吃完饭后，很多学生会去参加社团活动。在中国，社团活动相当于大学批准的学生集会，学生在规定的范围内活动。其中，清华大学戏剧部享誉全国，还进行了很多校外演出。晚上，有的学生会在宿舍学习慕课，有的学生则在教室或公共区域自习，还有很多学生在校园内欣赏夜景。另外，每天最后一节课在 21 点 45 分结束，也有学生直接返回宿舍。24 点，**本科生宿舍全部熄灯**。这也是中国大学为培养学生生活习惯而采用的独特管理方法。

从这些日程可以看出，中国的大学生在学校学习、生活，在校园内体验各种酸甜苦辣。因此，中国大学学生的爱校之心格外强烈，很多人毕业后也会重回母校走走。

在中国上大学最大的好处，就是上一章介绍的宿舍生活。学生可以和同学共度四年大学生活，彼此既是朋友、竞争对手，又会成为一生的挚友。校园内还有完善的学术研究环境，可以充分培养学生的学

图 5-5　夜间在校园跑步的清华学生

术研究能力。

　　当然，这种生活并非只有好处。中国大学生不像日本大学生那样拥有很多接触外部世界的机会，除工作实习之外，很少有兼职打工这类积累社会经验的机会。因此，沟通能力等与生活密切相关的技能相比日本学生要略逊一筹。

　　一经比较就能看出，日本青年与中国青年分别过着什么样的生活，又各自具有什么特征。两国同为东亚国家，地理和文化都比较接近，然而价值观差距较大。了解两国青年的生活，或许能帮助促进中日两国今后的合作发展。

　　中日两国并非竞争关系，而是合作发展的关系。2019 年时任首相安倍晋三出席在中国召开的中日韩工商峰会时也提出，中日韩三国并非三国时代的魏蜀吴，不是相争关系，希望携手共筑"新三国时代"。因此，这是一个中国与日本互相学习的时代。作为站在新历史舞台上的两国青年，理解他们就等于理解下一个时代。从竞争到合作，中日青年构建的新时代即将到来。

结语　迈向中日两国新时代

　　我第一次踏上中国的土地，是在 2000 年 7 月。19 年后，我毅然决定返回日本。初到中国时，我只有 5 岁，难以割舍周围的朋友和熟悉的环境，搬到中国这个"似近实远"的国家。

　　初到中国那天，我走进家中打开电视，发现电视屏幕上的文字是我陌生的语言。伫立窗前向外眺望时，我看到的也并不是自己熟悉的风景，而是一座陌生的城市。虽然从踏上飞机的那一刻起，我就知道自己即将前往中国，但是电视和窗外的风景时时刻刻都在提醒我，我到了另一个国家、另一座城市，而这个地方将成为我的"家"。其后的几年，可谓是我 19 年的北京生活中最为痛苦的时光。当时的我不会一句中文，只能靠幼小的双手，向学校的老师和同学示意并交流。此时的我并不希望继续留在这个陌生的国家与城市，我的目标是回到日本，这成为我在此地生活下去的动力。

可是上了初中后，我渐渐地习惯了中国的生活，也学会了中文，交到了中国的朋友。慢慢地，我也对自己生活的北京产生了感情。对我而言，最大的转机就是升学。出于对日本大学生活的憧憬，我最开始强烈希望回国，进入日本的大学，并为此与父母和高中的老师商量了许久。然而，比我大 9 岁的哥哥强烈建议我在中国上大学，而我自小又非常听哥哥的话，便遵照他的建议，决心在中国考大学。经过高中三年的锤炼，我顺利考上了清华大学，踏入了我梦寐以求的校园。

后来，我对中国的印象就发生了 180 度的大转变。原本我生活的地方是北京市内外国人较多的一个区域，有许多日本人住在这里，在超市能买到日本的调味料和食材，基本生活无须操心。另外，除了上学，我大部分时间都与家人度过，家里都是从日本带来的漫画、小说和游戏，很难有机会深入了解中国。

进入大学后，我与来自全国的顶尖学子一同坐在课堂中学习，每天都会惊叹他们的学习能力。由于我对大学的认识全部来自日本，所以这是我第一次亲身体验中国的大学生活，每一天都显得格外新鲜和刺激。除此之外，当时由所谓的"互联网大厂"引领的"数字革命"也渐渐渗透人们的生活，手机支付让人们的生活实现了去现金化，生活各个方面的服务也完成了 App 化等，中国不断发生各种变革，远远超过了我认识的中国。我与各省状元共同学习，体验了别具一格的校园生活，并亲眼见证了日新月异的城市景观和数字化服务。与此同时，每年暑假和寒假我会返回日本，并渐渐感觉到日本与中国的差距。中国的一切消费都实现了无纸币交易，日本却依旧是现金社会。中国从外卖到叫车全部能用 App 实现，还涌现了共享单车和新型的电商服务，但日本的服务依旧停留在线下。现在雅虎日本和连我合并，尝试开发类似微信和支付宝等超级 App，但当时连 PayPay 这种手机支付服务都尚未出现。而且，中日两国最大的差距并不在于服务，而在于人才。

我进入清华大学后，发现周围的学生个个满怀壮志，带着将来让社会变得更好的信念，为了自己、家人和祖国不断奋斗、努力学习。可是回到日本后，只要我跟朋友、熟人提起"国家"和"社会"的话题，就会被贴上"高屋建瓴"的标签，大多数人还会回避这类话题。实际上，日本财团在 2019 年发布的 18 岁意识调查之"社会与国家意识调查"显示，在"我认为自己是有责任的社会一员""我认为自己能够改变国家和社会""我会与家人朋友积极讨论社会问题"等所有项目中，日本学生与其他八个国家的学生相比远远落后，排在最后这才是中国！

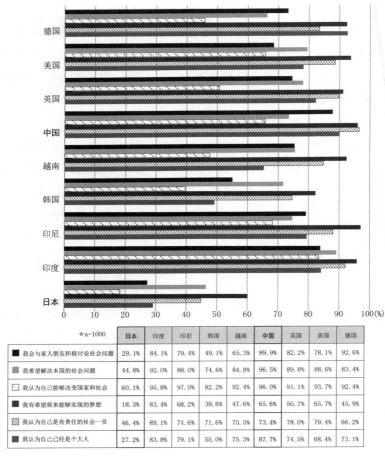

★n=1000	日本	印度	印尼	韩国	越南	中国	英国	美国	德国
■ 我会与家人朋友积极讨论社会问题	29.1%	84.1%	79.4%	49.1%	65.3%	89.9%	82.2%	78.1%	92.6%
▦ 我希望解决本国的社会问题	44.8%	92.0%	88.0%	74.6%	84.8%	96.5%	89.8%	88.6%	83.4%
⊡ 我认为自己能够改变国家和社会	60.1%	95.8%	97.0%	82.2%	92.4%	96.0%	91.1%	93.7%	92.4%
■ 我有希望将来能够实现的梦想	18.3%	83.4%	68.2%	39.6%	47.6%	65.6%	50.7%	65.7%	45.9%
▨ 我认为自己是有责任的社会一员	46.4%	89.1%	74.6%	71.6%	75.5%	73.4%	78.0%	79.4%	66.2%
■ 我认为自己已经是个大人	27.2%	83.8%	79.1%	55.0%	75.3%	87.7%	74.5%	68.4%	73.1%

日本财团18岁意识调查之"社会与国家意识调查"

一名。

　　当然，处在清华大学这一特殊的环境中，我看到的并不能完全代表中国人民和中国整体的情况，要以此来评价中国这个拥有 14 亿人口的大国，可谓极其肤浅。但是，我在上文提到的社会实践中，去过中国国家级贫困县河南省兰考县（现已成功脱贫）、四川省宜宾市的农村地区等，发现无论是城市还是农村，"靠自己的力量改变社会"的想法都高度一致。而且，不知从何时起，我开始真心喜欢并爱上了幼年时略微抵触的中国生活，产生了"想要更加了解中国"的想法。

　　考上研究生后，为了加深对中国的了解，我参加了各种学生活动，还以留学生身份成了学院的研究生会副会长，与中国学生一同完成学生会工作，通过社会实践活动探访了许多城市。不仅如此，我还与研究生时期的好友——伊藤诚和有满勇人一起实现了我 19 年来最大的愿望，那就是举办了面向日本高中生、名为"Dot STATION"的北京夏令营项目。

　　生在日本、长在中国，我一直在这个"似近实远"的国家生活。但对我而言，日本是祖国，中国是故乡，构筑中日友好关系是我的使命，也是我的义务。虽然中日两国一衣带水，历史关系源远流长，但又有多少人能够正确理解对方？寥寥可数。我们的长辈们，尤其是在改革开放前后，为两国的友好关系作出了实质性工作的人们也早已退居二线。如今，能够在真正意义上开创"中日新时代"的，正是风华正茂的青年一代，特别是像我们这样生活在中日两国的年轻人。

正是这种特殊的经历，使我们肩负着责任与使命，要去播种中日友好的种子。也只有我们最适合接过中日友好的接力棒，将中日关系推到新的高度。于是，我们便举办了面向日本高中生的夏令营，带领日本学生游览北京、了解真实的中国，希望学生们用自己的双眼审视中国，并在中国施展自己的能力。该项目旨在连接每个学生的点（Dot），为他们提供出发的平台（STATION）。这个项目吸引了众多日本高中生参加，其中也有学生在参加夏令营后考上中国的大学。

中国地大物博、幅员辽阔，想要全面了解这个国家并非易事。本书也只是从"年轻人"的视角审视"当下"的中国。书中想表达的就是在正确理解中国现状的基础上，促使日本青年和日本商业人士重新审视当下的选择。现在，中国已成为日本新闻媒体的常客，日本媒体几乎每一天都在报道有关中国的信息。可是，又有多少日本人能够正确理解中国，认识到中国的发展和变化？如今已是 2020 年，也是"中日新时代"开启的年份。我希望，通过访问，了解中国的发展；通过文字，讲好中国故事，帮助各位读者进一步加深对中国的理解。

最后，我在撰写本书的过程中得到了多方支持，在此表示由衷的感谢。特别是在我还是学生时，CrossMedia 出版社的川边秀美先生就给予我写作的机会，并且在从创作到出版的整个过程中都提供了莫大的支持。感谢我在清华大学就读研究生时的导师邓国胜老师，他在本人在校期间给予我各方面的指导，提出醍醐灌顶的建设性意见，不仅帮助我在清华大学顺利完成学业，也在本书撰写过程中给予了大力支持与鼓励。感谢父母在我幼小时决心搬到中国，并为我提供众多的学习机会，为我开阔了视野。如果没有父母的帮助，我也无法考入清华，无法获得今天的一切。感谢哥哥和姐姐的无限关怀，他们让我有机会留在中国深造，去实现自己的梦想。感谢支持我创作的所有家人与挚友。

日本是祖国，中国是故乡。本人在 2019 年底与自己的故乡进行了庄重的道别，踏上了新的征程。这其中有无数的不舍与对中国、北京、清华园的眷恋。但我相信，离别只是一个新的开始。希望在不久的未来，与君再次相见。

南梁诗人何逊曾云"春色边城动，客思故乡来"。而我走在东京这才是中国！

街头，思念北京并感慨道："樱花绽放春意浓，却思故乡牡丹香。"

夏目英男

图书在版编目（CIP）数据

这才是中国！：日本青年眼中的先进社会/（日）夏目英男著；吕灵芝译．—北京：中国民主法制出版社，2021.8

ISBN 978－7－5162－2660－5

Ⅰ．①这… Ⅱ．①夏… ②吕… Ⅲ．①中国经济－经济发展－概况 Ⅳ．①F124

中国版本图书馆 CIP 数据核字（2021）第 146654 号

SEIKADAISEI GA MITA SAISENTAN SHAKAI, CHUGOKU NO REAL
Copyright © Hideo Natsume 2020
Chinese translation rights in simplified characters arranged with Cross Media Publishing Through Japan UNI Agency, Inc., Tokyo

本书中文简体版经过版权所有人授权北京麦读文化有限责任公司，由中国民主法制出版社出版。

著作权合同登记号：**01－2021－4895**

图书出品人：刘海涛
出版统筹：乔先彪
图书策划：曾　健　沈　艺
责任编辑：陈　曦　成　琳　谢瑾勋
装帧设计：组配の匠

书名/这才是中国！：日本青年眼中的先进社会
作者/［日］夏目英男
译者/吕灵芝

出版·发行/中国民主法制出版社
地址/北京市丰台区右安门外玉林里 7 号（100069）
电话/（010）63055259（总编室）　63057714（发行部）
传真/（010）63056975　63056983
http：//www.npcpub.com
E-mail：mzfz@ npcpub.com
经销/新华书店
开本/32 开　880 毫米×1230 毫米
印张/7.75　**字数**/145 千字
版本/2021 年 10 月第 1 版　2021 年 10 月第 1 次印刷
印刷/北京天宇万达印刷有限公司

书号/ISBN 978－7－5162－2660－5
定价/45.00 元
出版声明/版权所有，侵权必究